CÓMO SANAR Y OLVIDAR EL PASADO

Cómo Seguir Adelante y Curar las Heridas Dejadas por tu Pasado

MARSHALL CLARK

© **Copyright 2020 – Marshall Clark - Todos los derechos reservados.**

Este documento está orientado a proporcionar información exacta y confiable con respecto al tema tratado. La publicación se vende con la idea de que el editor no tiene la obligación de prestar servicios oficialmente autorizados o de otro modo calificados. Si es necesario un consejo legal o profesional, se debe consultar con un individuo practicado en la profesión.

- Tomado de una Declaración de Principios que fue aceptada y aprobada por unanimidad por un Comité del Colegio de Abogados de Estados Unidos y un Comité de Editores y Asociaciones.

De ninguna manera es legal reproducir, duplicar o transmitir cualquier parte de este documento en forma electrónica o impresa.

La grabación de esta publicación está estrictamente prohibida y no se permite el almacenamiento de este documento a menos que cuente con el permiso por escrito del editor. Todos los derechos reservados.

La información provista en este documento es considerada veraz y coherente, en el sentido de que cualquier responsabilidad, en términos de falta de atención o de otro tipo, por el uso o abuso de cualquier política, proceso o dirección contenida en el mismo, es responsabilidad absoluta y exclusiva del lector receptor. Bajo ninguna circunstancia se responsabilizará legalmente al editor por cualquier reparación, daño o pérdida monetaria como consecuencia de la información contenida en este documento, ya sea directa o indirectamente.

Los autores respectivos poseen todos los derechos de autor que no pertenecen al editor.

La información contenida en este documento se ofrece únicamente con fines informativos, y es universal como tal. La presentación de la información se realiza sin contrato y sin ningún tipo de garantía endosada.

El uso de marcas comerciales en este documento carece de consentimiento, y la publicación de la marca comercial no tiene ni el permiso ni el respaldo del propietario de la misma.

Todas las marcas comerciales dentro de este libro se usan solo para fines de aclaración y pertenecen a sus propietarios, quienes no están relacionados con este documento.

información se realiza sin contrato y sin ningún tipo de garantía endosada.

El uso de marcas comerciales en este documento carece de consentimiento, y la publicación de la marca comercial no tiene ni el permiso ni el respaldo del propietario de la misma.

Todas las marcas comerciales dentro de este libro se usan solo para fines de aclaración y pertenecen a sus propietarios, quienes no están relacionados con este documento.

Índice

Introducción	vii
1. Cómo Perdonarse A Sí Mismo	1
2. Definir el Pasado	7
3. La Culpa Y la Culpabilidad, el Dúo Tóxico	17
4. Ver La Vida Con Nuevos Ojos	29
5. Encontrar la Lección	39
6. Ponerlo Todo Junto	47
7. APRENDER A QUERERSE A SÍ MISMO	55
8. Cambiar La Forma De Tratarse A Sí Mismo	59
9. Tu Crítico Interior y El Autosabotaje	71
10. Un Nuevo Viaje	87
11. Vivir tu Mejor Vida	103
12. Seguir Amando	107
13. Cómo Motivarse	109
14. Superando La Adversidad	127
15. Salir De La Zona De Confort Para Alcanzar El Éxito	141
16. Crear La Vida Que Quieres	151
Conclusión	161

Introducción

Esta vida está llena de mucho estrés y lucha. Desde el trato con la sociedad hasta la educación y la crianza de la familia, la presión por ser el mejor nunca cesa. En el proceso de vivir, es fácil perder de vista la importancia de cuidar de uno mismo. Muchas personas trabajan demasiado y se esfuerzan demasiado.

Aprender a quererse y a cuidarse a sí mismo es una parte vitalmente importante de su existencia. Sin embargo, la mayoría de la gente lo pospone porque no quiere añadir una cosa más a su lista de tareas. Lo que no saben es que el cuidado de uno mismo no tiene por qué ser un proceso largo y prolongado. Pequeños esfuerzos aquí y allá pueden suponer una gran diferencia en la salud y la felicidad general.

Este libro está dividido en tres partes, que exploran lo que creo que son los ingredientes clave del autocuidado. En la parte 1, Cómo perdonarse a sí mismo, descubriremos cómo identificar y resolver emociones antiguas y actuales en el proceso de aprender a perdonar. Dado que el perdón es una parte integral para mantenerse saludable, nos sumergiremos en por qué el cuerpo se aferra a los rencores, y cómo dejarlos ir. Esto ayudará a liberar al cuerpo de cargas no deseadas y a dar nuevas esperanzas a cualquiera que quiera cambiar sus patrones de pensamiento.

En la segunda parte, "Cómo amarse a sí mismo", descubriremos formas de aplicar la emoción del amor en tu vida. El amor es una de las emociones más poderosas. Tiene el poder de curar tu mente y tu cuerpo de cualquier dolencia. En mi opinión, el amor está ausente en gran parte de la sociedad actual. Pero aprender a amarte a ti mismo, y proyectarlo hacia adelante, es una de las cosas más poderosas que puedes hacer por ti y por la sociedad.

En la Parte 3, Cómo motivarse a sí mismo, aprenderemos cómo motivarse de una manera que apoye su nuevo sentido de perdón y amor. La motivación es una emoción altamente cargada que pide ser organizada en una dirección específica. Ha ayudado a personas de todos los ámbitos de la vida a lograr sus más altas metas y aspiraciones.

Deja que la información de este libro te lleve a un viaje de autoexploración. Descubrirás por qué es tan importante tomar el control de tu autocuidado y lo que puede hacer por tu vida.

¡Empecemos!

1

Cómo Perdonarse A Sí Mismo

APRENDER A PERDONAR

Nadie pasa por la vida sin cometer errores. Algunos son pequeños e insignificantes, mientras que otros pueden tardar años en olvidarse, si es que alguna vez se olvidan. Los errores son una parte normal de la vida, y podemos aprender y crecer de ellos. Sin embargo, pueden convertirse en una carga cuando no los superamos. Cuando esto ocurre, podemos sentirnos imperdonables e indignos de ser perdonados por nosotros mismos o por los demás.

La vida tiene una forma de presentarnos muchas situaciones en las que debemos tomar una decisión. A veces es una buena elección, y a veces acabamos no haciendo lo que deberíamos. Años más tarde, podemos revivir esas decisiones y castigarnos continuamente, deseando una y otra vez haber actuado de forma diferente.

No podemos retirar lo que se ha hecho. Ya se ha acabado, pero muchos de nosotros seguimos viviendo en la versión del pasado que recordamos. Este es un lugar muy limitante. Seguir viviendo en un mundo en el que nos sentimos culpables y avergonzados por eventos pasados puede causar trastornos emocionales, ansiedad, depresión y enfermedades. También puede arruinar las relaciones, causar problemas financieros y provocar un dolor y un sufrimiento indebidos. Por lo tanto, es imperativo que aprendamos a dejar atrás nuestro pasado y recuperar la felicidad que sólo proviene de un corazón y una mente tranquilos. Esto puede lograrse a través del perdón.

¿Qué es el perdón?

El perdón es una elección

Debes tomar la decisión de que quieres el perdón en el asunto. Nada en la vida cambia hasta que se toma una decisión al respecto. Se puede estar atascado en una situación particular durante muchos años, y por lo tanto desarrollar una mentalidad que se siente cómoda, pero que es muy tóxica. Cuando se toma la decisión de cambiar, ya no hay término medio. O bien se avanza hacia una solución, o bien se vuelve a caer en el bucle de recordar acontecimientos pasados. Elegir avanzar es el primer paso para dejarse perdonar.

El perdón es un proceso

Siempre hay pasos para el éxito en cualquier área de la vida. Dar cada paso y cumplirlo plenamente es la manera de encontrar el pleno perdón de uno mismo. Esta sección se centra en un proceso que puede ayudarte a trabajar con las emociones de comportamientos pasados y permitirte encontrar el perdón. Tómate un tiempo para trabajar con las sugerencias. Es posible que quieras dedicar más o menos tiempo a cada sugerencia, dependiendo de tu situación. Siéntete libre de hacer lo que mejor funcione para ti.

El perdón es una actitud y un conjunto de comportamientos

Si has tomado la decisión de perdonarte a ti mismo, debes asumir esa actitud. No te desanimes por lo que digan los demás o por las cosas que puedan surgir. Date cuenta de que esta situación es tuya y sólo tuya para superarla. No le pertenece a nadie más. Asumir esa responsabilidad y elegir hacer las cosas bien requerirá paciencia y diligencia. Tendrás que trabajar para conseguir tu objetivo, pero es muy factible. Sólo recuerda tomar las cosas como puedas y ser paciente contigo mismo.

Elige moverte mental y físicamente en una dirección positiva hacia el cumplimiento de tu deseo.

El perdón es un cambio interior

Si vas a perdonarte a ti mismo, debes cambiar desde dentro hacia fuera. Esto significa que ya no puedes pensar los pensamientos que has estado pensando. Ya no puedes hacer las cosas que has estado haciendo. Debes hacer las cosas de manera diferente. Hay un dicho que dice así: Si siempre haces lo que siempre has hecho, siempre estarás donde siempre has estado.

Cuando empiezas a cambiar los sentimientos y las acciones que has tenido durante mucho tiempo, al principio puede parecer inalcanzable, o incluso asustar.

Como con cualquier cosa, cuanto más practiques tu nueva perspectiva, más fácil te resultará. Con persistencia, tiempo dedicado y acción, verás los resultados rápidamente.

La información de esta poderosa sección le ayudará:

· Date cuenta de que mereces ser perdonado, aunque siempre te hayas dicho a ti mismo que no eres digno de perdón.

· Explora la negatividad de la culpa y la culpabilidad.

· · ·

· Aprende a perdonarte a ti mismo.

· Vea los beneficios del perdón.

· Déjate guiar mientras avanzas.

El viaje para entender cómo perdonarse a sí mismo está en marcha. Has dado el primer paso al coger este libro. Permítase absorber estas palabras y tomarlas a su propio ritmo. Lo más importante es que seas amable contigo mismo a lo largo de este proceso.

2

Definir el Pasado

El primer paso para sanar algo doloroso del pasado es definir qué es realmente, qué pasó y cómo te hizo sentir. Sacar a relucir los recuerdos dolorosos puede ser complicado porque el objetivo no es revivir lo sucedido. El objetivo es verlo como lo que es: una situación que ocurrió. Has estado viendo este lugar doloroso desde la perspectiva de tu ser interior durante mucho tiempo, ahora es el momento de verlo desde una perspectiva exterior.

Definir el pasado te ayuda a iniciar el camino del autoperdón. En lugar de permitir que lo ocurrido te defina a ti y a cómo te sientes, puedes decidir cómo va a ser a partir de ahora. Lo que significa que ya no tienes que sentir que estás atrapado en las emociones del evento. Es hora de empezar a cambiar la estructura de tus pensamientos y recuerdos. Esto no te hará olvidar lo que pasó, pero te ayudará a darte cuenta de que sólo eres una persona que tomó una decisión sobre algo, y ahora es el momento de seguir adelante.

Nuestra mente capta la historia de varias maneras. Tenemos el recuerdo de lo que sucedió, la imagen que vemos en el ojo de nuestra mente y las emociones que sentimos. Todas ellas juntas crean lo que estamos viviendo actualmente. Si experimentamos dolor o enfermedad, muchas veces se debe a sentimientos no resueltos. Tendemos a poner el pasado sobre nuestros hombros y a llevarlo con nosotros, como un traje del que nunca queremos deshacernos. Es hora de deshacerse de esos viejos puntos de vista, liberar esa carga y elegir un nuevo camino.

Método: Busca un lugar tranquilo para sentarte o tumbarte. Elimina todas las distracciones y el ruido. Respira profundamente tres veces y cierra los ojos. Imagina que te estás viendo en una pantalla de cine. Imagínate moviéndote, yendo de un sitio a otro. Ahora, recuerde la situación ofensiva. Se trata de verla objetivamente, como si fuera una historia que se cuenta.

Como persona ajena a la situación, cuéntese a sí mismo lo que ha ocurrido.

. . .

Cuando cuentes esta historia desde una perspectiva externa, fíjate en lo que es diferente de lo que pensabas antes. ¿Puedes ver algo distinto en la persona que estás viendo? ¿Está frustrada esta persona? ¿Está abrumada? ¿Hay acontecimientos que hayan conducido a esta situación?

Sé lo más claro posible sobre lo sucedido, sin introducir tus emociones. Recuerda que eres simplemente una persona objetiva que mira con una perspectiva externa. A medida que veas lo que ocurre, fíjate en cómo te sientes.

¿Estás triste por esa persona? ¿Sientes empatía o compasión por lo que ha pasado? ¿En qué se diferencia esta situación de la forma en que la veías antes?

Tómate todo el tiempo que necesites para recorrer este escenario. Cuando hayas terminado, vuelve lentamente al momento presente. Respira profundamente varias veces y siéntate.

Ahora, saca un cuaderno o un diario y escribe cómo te has sentido. Reconoce tus sentimientos pero no te permitas entrar en una espiral descendente. Pon cada detalle que hayas visto, incluyendo lo que sentiste por la persona que estabas observando. Una vez que hayas terminado, lee lo que has escrito.

. . .

Debería haber algunas diferencias claras entre cómo recordabas la situación antes de este ejercicio y cómo la ves ahora. ¿Cuáles son esas diferencias? ¿Qué te has dicho a ti mismo sobre lo ocurrido?

El propósito de este ejercicio es que te des cuenta de las historias que te has estado contando a ti mismo. No se trata de aprobar ninguna acción, sino de encontrar una nueva forma de navegar por las emociones y los sentimientos que rodean lo que has vivido. Con una percepción más objetiva, ¿puedes quizás ver lo duro que has sido contigo mismo? ¿Has desarrollado una nueva conciencia sobre lo que pasó?

Reconozca sus sentimientos

El proceso anterior es poderoso para ayudarte a reconocer que puedes haber estado mirando tu situación con prejuicios. Es bueno que entiendas esto para que puedas empezar a desglosar tus sentimientos y comprender lo que significan. Nada puede cambiar hasta que empieces a entender tus emociones y cómo se relacionan con la situación.

A veces, la respuesta para superar una experiencia dolorosa es sentir las emociones de lo que has pasado. Sentir tus emociones no es algo malo. De hecho, puede ser muy curativo. Cuando eliges abordar tus sentimientos, debes hacerlo plenamente para que sea efectivo. Lo que quiero decir con esto es que tienes que sentir realmente las emociones de los acontecimientos pasados que te han hecho daño para poder seguir adelante. Puede que digas: "No *quiero sentir realmente esos sentimientos, ¡me duelen!* Esta es la razón por la que es importante.

Nuestros cerebros y cuerpos tienen que ser capaces de procesar los acontecimientos, especialmente los hirientes o traumáticos.

Los malos recuerdos tienden a tener mucha más influencia en nuestra memoria que los buenos, simplemente porque la energía fue muy poderosa

y vívida. Permitir que el cerebro y el cuerpo sientan esas emociones, las procesen y luego tomen una decisión consciente para superarlas es mucho más eficaz que simplemente tratar de "superar" algo.

Como escribió el autor espiritual Eckhart Tolle, "Hay un fino equilibrio entre honrar el pasado y perderse en él. Puedes reconocer y aprender de los errores que cometiste y luego seguir adelante. Se llama perdonarse a sí mismo".

Método: Siéntate en silencio y respira profundamente. Recuerde la situación que le molestó. Ahora, concéntrese en lo que siente. Es importante identificar la emoción. ¿Es ira? ¿Frustración?

¿Abruma? Permítase sentirla plenamente. Ahora, deja que se mueva por tu cuerpo y salga por la parte superior de tu cabeza. Ahora has sentido y liberado completamente esa emoción. La próxima vez que pienses en esa situación, la energía de esa emoción no será tan poderosa, si es que queda algún poder. Piensa en las emociones como energía. Simplemente estás permitiendo que esa energía fluya a través de ti en lugar de quedarse atascada dentro de ti donde puede hacerte daño.

¿Le debes una disculpa a alguien?

El siguiente paso es recordar a las personas implicadas en la situación. ¿Heriste a alguien más?

¿A más de una persona? ¿Cómo influye eso en tu proceso de perdón? Si hubo otra persona implicada, puede que te resulte necesario conectar con ella y reconocer sus sentimientos sobre lo sucedido.

Si crees que le debes una disculpa a alguien, trabaja contigo mismo para llegar al punto en que puedas hacerlo. Cuando estés preparado, ponte en contacto con esa persona y dile que quieres hablar. Puede ser útil reunirse en un lugar público, como un parque, en lugar de hablar por teléfono. Una vez allí, no es necesario entrar en grandes detalles. Simplemente hazlo corto, dulce y al grano. Muchas veces, la gente no recordará las cosas como tú las recuerdas. Agradece cualquier comentario y discúlpate sinceramente. Después, tu trabajo está hecho. Es la persona (o personas) la que debe decidir si acepta las disculpas.

Una vez que la has presentado por tu parte, el resto no es asunto tuyo. Pueden aceptarla o no, pero eso no depende de ti.

Tú has hecho tu parte. Eso tiene que ser suficiente.

Ya no eres una víctima

Otro cambio importante que tendrás que hacer para perdonarte a ti mismo es cambiar tu persona de ser la víctima a asumir toda la responsabilidad de lo que ha pasado. Una mentalidad de víctima significa que te has negado a asumir la responsabilidad de lo que te ha ocurrido. Ves la vida como algo que "te pasa a ti" en lugar de adoptar el punto de vista de "tú le pasas a tu mundo". Esto es una pendiente resbaladiza y sólo termina con que tú y todos los que te rodean se sientan mal.

· · ·

Deja de ser una víctima de cualquier cosa. Tú estás a cargo de tu vida, no le des el control al victimismo.

El veterano militar condecorado y orador motivacional Steve Maraboli dijo esto sobre ser una víctima: "Hoy es un nuevo día. No dejes que tu historia interfiera en tu destino.

Deja que hoy sea el día en que dejes de ser una víctima de tus circunstancias y empieces a actuar hacia la vida que quieres.

Tienes el poder y el tiempo para dar forma a tu vida. Libérate de la venenosa mentalidad de víctima y abraza la verdad de tu grandeza. No estás hecho para una vida mundana o mediocre".

No esperes a encontrar tu paz y tu felicidad

El objetivo de aprender a perdonarse a sí mismo es encontrar la paz. Esto, a su vez, puede ayudarnos a encontrar la felicidad, la prosperidad y la plenitud. Sin embargo, lo que la mayoría no entiende es que estas cosas no se "encuentran", sino que se desarrollan a través de la experiencia. Pero eso no significa que no puedas ponerlas en tu vida ahora mismo. Muchos tienen la idea de que "serán felices cuando..." o "podrán hacer más cosas cuando...". Esta forma de pensar conduce a la infelicidad y a la decepción. No veas tu éxito como algo que sucederá en el futuro. Empieza a permitirlo ahora. Simplemente hablando contigo mismo y diciéndote cosas como "estoy en paz", o buscando pequeñas cosas que te hagan feliz y haciendo esas cosas empezarás el proceso de permitir estas emociones curativas en tu vida.

Mira hacia el futuro

Aprender a hacer las paces con uno mismo y avanzar en una dirección alegre hacia nuevos objetivos le ayudará a liberarse del pasado. Renuncia a tu historia centrándote en lo que tienes por delante. Esto te ayudará a crear lo que quieres. Tu futuro es realmente lo que tú haces de él.

Ahora que has pasado por la meditación que te ayuda a definir lo que pasaste, y has encontrado una perspectiva diferente de lo que sucedió, es el momento de pasar a la siguiente sección de tu viaje: eliminar la culpa y el reproche de tu vida.

3

La Culpa Y la Culpabilidad, el Dúo Tóxico

La culpa es un camino circular del que es difícil escapar. No te permite ir a ninguna otra parte porque sigues volviendo al momento en que cometiste el error. Como sigues repitiendo el ciclo, comienzas el proceso de culparte a ti mismo por haber permitido que ocurriera en primer lugar, lo que vuelve a provocar sentimientos de culpa. Ahí está la trampa de la culpa y el reproche.

Cuando hablamos de la culpa y del círculo aparentemente interminable en el que nos metemos, estamos hablando de una emoción que puede ser limitante e incluso debilitante. El sentimiento de culpa provoca otras emociones como la vergüenza, la ansiedad y la frustración. En casos graves, la culpa puede llegar a ser incluso debilitante. Además, la culpa no hace nada para corregir lo que se hizo mal. Sólo echa más leña al fuego mental.

Cómo eliminar la culpa de tu vida

En la serie de libros de Percy Jackson, el autor Rick Riordan describe adecuadamente el sentimiento de culpa de Percy en El ladrón del rayo: "Todo lo que podía pensar era que los profesores debían haber encontrado el alijo ilegal de caramelos que había estado vendiendo en mi habitación. O quizá se habían dado cuenta de que había sacado mi ensayo sobre Tom Sawyer de Internet sin haber leído nunca el libro y ahora iban a quitarme la nota. O peor aún, me iban a obligar a leer el libro".

Aunque este ejemplo es algo cómico, es una representación adecuada de cómo funciona el cerebro. Percy se siente culpable de sus acciones y se imagina que las consecuencias no deseadas se producen a causa de ellas. Nosotros hacemos lo mismo. Nuestras acciones nos llevan a pensamientos de remordimiento y consecuencias no deseadas. Estos pensamientos y sentimientos se acumulan con el tiempo hasta que el sentimiento de culpa se abre paso en todos los rincones de nuestro ser.

Deja de ser duro contigo mismo

Independientemente de un error de juicio o de una mala decisión que haya conducido a un resultado menos favorable, debes darte cuenta de que hiciste lo que hiciste, y eso es todo. Puede que hayas hecho lo mejor que podías en ese momento. Puede que hayas estado lidiando con una ira no resuelta u otra emoción que te llevó a tomar tu decisión. Puede que estuvieras muy distraído y que, dadas las circunstancias, actuaras como creías que debías hacerlo en ese momento. Esto no significa que tuvieras razón; significa que no querías cometer intencionadamente un error que te hiciera daño a ti o a otra persona. Perdonarte a ti mismo empieza por comprender que no posees poderes de superhéroe. Como se dice, sólo eres humano.

Comparte tus sentimientos

Muchas personas encuentran necesario expresar su culpabilidad a otro individuo que pueda ayudarles a entender por qué sucedió y por qué se llevaron a cabo ciertas acciones. Muchas veces, uno mismo no puede descifrar estas emociones, por lo que es importante encontrar una persona de confianza en la que confiar. El objetivo no es que alguien le ofrezca una solución mágica a su culpa autoimpuesta. Sin embargo, un amigo de confianza o un familiar que sepa escuchar puede ayudarte a liberar el desorden de tu cabeza y ver una perspectiva diferente.

No más "debería"

Una de las formas más improductivas de pensar es cuando te dices a ti mismo: "Debería haber...". El debería ser como un truco de magia que utiliza humo y espejos. Puedes decir que "deberías" haber hecho lo que sea, pero al final, eso *debería* resultar ser falso. Cuando se asume la responsabilidad de una acción, no existe el "debería". Simplemente hay y no hay. No caigas en la trampa de torturarte con frases como: "Debería haber...". Eso es vivir con el arrepentimiento, la decepción y lo que podría haber sido.

Es importante redactar las cosas de forma diferente en tu cabeza. Si sabes que te regañas a menudo con frases como "Debería haber hecho esto...", intenta cambiarlas por "Eso pasó. No volveré a cometer ese error. ¿Qué puedo hacer diferente hoy?".

Date cuenta de que hay algo que aprender de la experiencia

La vida está llena de momentos de enseñanza, y cada experiencia tiene algo que enseñarnos. Encontrar la lección en una situación negativa puede ser difícil al principio. Ya has trabajado para cambiar tu perspectiva de la situación. Ahora es el momento de cambiarla de nuevo y descubrir lo que debes aprender.

Dicen que sólo hay dos certezas en la vida: la muerte y los impuestos. Añade "Todos cometemos errores" a esa corta lista porque es una de las certezas de la vida. Si empiezas a buscar lo que te enseña una experiencia, empezarás a verla como lo que es: un aprendizaje inestimable.

Ahora sabes más que entonces

Dicen que "la retrospectiva es 20/20". Si supieras ahora lo que hiciste entonces, obviamente las cosas serían diferentes, ¿verdad? Pero no lo hiciste. Es injusto que te sientas culpable por algo que, de haber ocurrido hoy, habrías hecho de otra manera. Permítete estar donde estabas y donde estás. Cada fase de tu vida es única e importante.

Algunas cosas están fuera de nuestro control

Nos gusta pensar que controlamos todo lo que nos ocurre. Sin embargo, si nos tomamos un tiempo para pensar en ello, gran parte de lo que la vida nos depara está fuera de nuestro control. Por ejemplo, supongamos que has perdido un plazo en el trabajo porque has tenido que quedarte en casa para cuidar de tu hijo pequeño.

Puede que tu jefe te haga sentir culpable por no haber cumplido el plazo, pero ¿qué otra opción tenías? Has seguido tu instinto paternal para asegurarte de que tu hijo recibe los mejores cuidados. No puedes ser duro contigo mismo por acontecimientos de la vida sobre los que no tienes control. Date cuenta de que la vida pasa y estás en el proceso de superarla. Piensa que estás libre de culpa.

Tómate un tiempo para imaginar que estás libre de todo sentimiento de culpa. Ya no los tienes. Puedes moverte por tu mundo de forma fácil y deliberada. Fíjate en los sentimientos de paz que vienen con esta nueva identidad. Esos sentimientos son absolutamente alcanzables. Hay una gran diferencia cuando empiezas a utilizar tus pensamientos y tu imaginación para crear lo que quieres en tu vida.

Ahora que has hecho un trabajo para deshacerte de la culpa que has estado sintiendo, es el momento de eliminar otra emoción tóxica de tu vida: la culpa.

Cómo dejar de culparse a sí mismo

La culpa es el acto de asignar la culpa a una acción o a una serie de acciones. Podemos sentir que una situación estaba fuera de nuestro control, o que había otras personas involucradas que nos manipularon para hacer algo con lo que no estábamos de acuerdo. Sea cual sea el caso, atribuimos la culpa al asunto para ayudar a nuestro cerebro a asimilar cómo se desarrollaron las cosas.

Puede que nos resulte fácil culpar a los demás en determinadas situaciones. Pero, ¿sirve de algo culpar a una persona por sus errores? Sólo añade leña al fuego de las emociones negativas y tóxicas que, en algún momento, pueden desbordarse. Lo mismo ocurre cuando nos culpamos a nosotros mismos de nuestros errores. Los siguientes pasos deberían ayudarte a dejar de culparte y, por tanto, a liberarte de esta energía dañina.

Asume la responsabilidad

Culpar es diferente de aceptar la responsabilidad y asumir el problema. Cuando se comete un error y se asume la responsabilidad, se quiere corregirlo de cualquier manera posible. Culparse a sí mismo, por el contrario, te sitúa en una mentalidad de víctima, en la que nada de lo que hagas puede rectificar la situación. Tómate un tiempo para pensar en la diferencia entre estos dos escenarios. ¿Te estás culpando de tu situación? ¿O has asumido la responsabilidad de la misma?

El empresario Robert Ringer dijo: "Todo cambia a mejor cuando te haces cargo de tus propios problemas".

Trabaja para crear amor propio

Muchas personas que se culpan constantemente de sus defectos no se aman a sí mismas. El amor propio es un atributo necesario para ayudar a superar la emoción de la culpa. Las personas que se aman a sí mismas no se culpan por sus errores.

Se dan cuenta de que son un trabajo en progreso. Desafíese a encontrar una cosa que ame de sí mismo diariamente. Si le resulta difícil, simplemente dígase algo que esté haciendo bien. El desarrollo de una autoestima sana crea bloques de construcción para el amor.

. . .

Amarse a sí mismo no es vanidad, es aceptar a una persona que es única y maravillosa, aunque cometa algunos errores en el camino.

La meditación es una forma maravillosa de empezar a desarrollar el amor propio y la aceptación. Tómate un tiempo cada día para liberar tu mente de todo pensamiento. En un entorno tranquilo, cierra los ojos y respira profundamente varias veces, tras lo cual di cosas positivas, como "Aprenderé de mis errores y seguiré adelante" o "Me quieren y soy lo suficientemente bueno". Deja que tu mente te guíe hacia lo que quiere escuchar. Este ejercicio sólo lleva unos minutos y es muy poderoso.

No seas tan crítico

No puedes amarte a ti mismo si te reprendes por cada pequeña cosa que dices o haces. Las personas que se critican a sí mismas y a los demás están ocultando emociones negativas profundas.

Señalar los defectos de la gente no te ayuda a dejar de culparte.

. . .

En lugar de eso, trata de atraparte a ti mismo cuando empieces a criticar. Detenga el pensamiento y diríjalo hacia algo más positivo. Si te resulta demasiado difícil, simplemente intenta quedarte callado. Como dijo Bambi: "Si no puedes decir algo bonito, no digas nada".

Establezca expectativas realistas

Esforzarse constantemente por alcanzar la perfección en todo lo que se hace no sólo es poco realista, sino que también puede causar daños mentales. Debe aceptar que algunos acontecimientos de la vida le impedirán alcanzar la perfección. Esto se aplica a las relaciones, a la gestión de las finanzas personales y al desarrollo de habilidades profesionales. Cada uno de nosotros posee limitaciones y debilidades personales. La vida se conquista paso a paso. Si vas a escalar una montaña, tienes que empezar desde abajo. Date un respiro y permite que la vida simplemente sea. Sigue poniendo un pie delante del otro.

Date lo que necesitas

Si te resulta difícil dejar de culparte, tal vez necesites un poco de descanso a la antigua usanza.

¿Cuándo fue la última vez que hiciste algo bueno por ti? Pregúntate: "¿Qué me haría sentir mejor ahora mismo?"

. . .

Crear tiempo para ti mismo y permitirte disfrutar de ciertas cosas te ayudará sin duda a aliviar la culpa. Cómprate un masaje, ve a meditar a la naturaleza, date un largo baño de burbujas... las ideas son infinitas.

Sé compasivo

...a ti mismo. Puede ser difícil cuando te culpas todo el tiempo.

Es posible que hayas aprendido a culpar a las figuras de autoridad de tu vida, como los padres o los hermanos.

Puede que te hayan culpado de cosas durante toda tu vida, así que aprendiste a culpar desde una edad temprana. Y al madurar, la culpa siguió siendo un sentimiento importante en tu vida. Cuando sientas que puedes, habla con el niño interior que carece de autoridad para desafiar los comentarios negativos de otras personas. Dígale a ese niño que es especial y que no hay que culpar a nadie. Trátese con amabilidad, comprensión y amor.

Avanzar sin culpas y sin culpables

Eliminar la culpa y el reproche de tu vida cambiará, sin duda, muchas cosas para ti. Te sentirás más en paz, estarás más dispuesto a hacer cambios positivos y serás capaz de manejar tus emociones de una manera más efectiva. Como dijo profundamente el Dalai Lama: "Nunca podremos obtener la paz en el mundo exterior hasta que hagamos la paz con nosotros mismos".

En el capítulo que aparece al final de este libro, Técnicas alternativas para desarrollar el amor propio y la curación, encontrarás formas adicionales de lidiar con los pensamientos y sentimientos negativos. Además de lo que se ha cubierto en este capítulo, por favor, utilice este recurso para ayudar a eliminar sus emociones de culpabilidad y de culpa.

En el próximo capítulo, hablaremos de cómo estos cambios afectarán a tu forma de ver el mundo a partir de ahora.

Literalmente, lo verás con nuevos ojos.

4

Ver La Vida Con Nuevos Ojos

A ESTAS ALTURAS deberías ser capaz de ver tu vida de forma diferente a como lo hacías cuando comenzaste este libro. Ser capaz de entender que todos cometemos errores y que puede haber una valiosa lección en ellos es un cambio de perspectiva que puede ayudar a sanar tu pasado. Esta perspectiva se desprende de la culpa y reemplaza los sentimientos negativos con una nueva visión de cómo funcionarán las cosas en tu vida en el futuro.

Si llevas gafas, entiendes lo que es mirar literalmente la vida con ojos nuevos. El resultado es un giro de 180 grados en la forma de ver todo. Los cambios que has hecho y que seguirás haciendo son como llevar unas gafas nuevas. A partir de ahora seguirás viéndolo todo de forma diferente.

. . .

Sin embargo, nuestro trabajo no ha terminado. Todavía hay cambios críticos que deben tener lugar.

A continuación se presentan varios métodos centrados en la mente que pueden ayudarte a continuar tu trabajo de perdonarte a ti mismo, seguidos de algunas sugerencias para mantener tu cuerpo físico saludable.

Fíjate en tus pensamientos

Rétese a sí mismo a tomarse un día entero para controlar sus pensamientos. ¿En qué piensas más? ¿Sus pensamientos son principalmente positivos o negativos? ¿Tienes conversaciones acaloradas contigo mismo cuando las cosas no salen como quieres? Si quieres cambiar tu forma de pensar sobre un acontecimiento pasado y perdonarte a ti mismo, tienes que empezar a cambiar tu forma de pensar, y punto. Quieres mejorar tu situación, no empeorarla, lo que

significa que debes cambiar los malos hábitos mentales que te llevan a ver el mundo de forma negativa. Cambiar los patrones de pensamiento negativos te ayudará a crear un lugar interior donde el perdón no sólo puede existir, sino prosperar.

. . .

Método Abraham-Hicks Pivoting: El libro más vendido del New York Times, Pide y se te dará, de Esther y Jerry Hicks, ofrece un poderoso método llamado Pivoting. Ayuda a cambiar los pensamientos no deseados por los deseados. El libro dice: "...cada vez que sientas una emoción negativa, que te ayude a saber que estás centrado en algo no deseado, te detendrás y dirás: ya sé lo que no quiero, así que ¿qué es lo que sí quiero?".

Este sencillo pero poderoso método ayuda a romper el poder de un pensamiento negativo.

El mero hecho de formular una pregunta y dirigir tu atención a lo que sí quieres cambia tu energía y crea una nueva perspectiva. Practicar esto con el tiempo ayuda a cambiar tu hábito de pensamiento hacia un punto de vista más positivo.

Rompe la adicción a las noticias

Por el momento, puede ser útil evitar los telediarios y las redes sociales. La razón es que la mayoría de las historias que se cuentan en los medios de comunicación tienen un factor de impacto negativo. Este tipo de historias pueden absorber a la gente con horror e indignación. Al hacer el cambio para cambiar los patrones internos y perdonar, es más fácil no estar cerca de este tipo de informes. En su lugar, rodéate de historias positivas. Hay una gran cantidad de libros, CDs y programas diseñados para elevar y animar.

Vive una vida de servicio

Además de los libros y programas positivos, salir y ayudar a alguien necesitado puede elevarte de innumerables maneras. Hay algo en la entrega de uno mismo para ayudar a otro ser humano o causa que crea una energía que se siente increíble. Cuando puedes salir de tu cabeza y ayudar a alguien menos afortunado, enfermo o necesitado, abres las compuertas del amor, para ti y para otras personas. Alguien que conozco dijo una vez sabiamente: "Amar es servir".

Aléjate de las malas influencias

Además de limitar los medios de comunicación negativos, intenta ir un paso más allá y limitar la interacción con personas negativas o pesimistas. La negatividad tiene una forma de contagiarse, así que es importante distanciarse de ella.

Es muy difícil hacer cambios positivos cuando se está rodeado de gente desalentadora. Encuentra la manera de alejarte de la vida de aquellos que te influyen de manera destructiva.

Sé como un niño

¿Te has fijado alguna vez en lo indulgentes que son los niños?

. . .

Pueden estar heridos un minuto y sonreír al siguiente. La razón es que saben dejar pasar las cosas. Por lo general, no guardan rencor ni ira hacia nadie. Un abrazo y un "lo siento" hacen que un niño perdone rápidamente. Que seamos adultos no significa que no podamos adoptar esa actitud infantil. Tómate un tiempo para redescubrir al niño que llevas dentro y permite que esa persona salga a flote.

Crea una imagen interior

El famoso autor Neville Goddard habla de la importancia de conjurar una imagen en tu mente de cómo quieres que sean las cosas. Si quieres estar en paz y en un lugar donde puedas perdonarte fácilmente, tómate unos momentos para conjurar esta imagen en tu mente. Ve más allá e imagina cómo te sentirías en ese momento. ¿Qué ropa te pondrías? ¿Qué verías?

¿Qué olores percibirías? Hazlo tan vívido y real como puedas.

Imagina cómo sería la vida si estuvieras en perfecta armonía contigo mismo y practica ser esa persona.

. . .

Practicando lo que quieres ser ahora mismo, atraerás eso a tu vida. Las cosas que quieres empezarán a fluir en tu vida más fácilmente.

Neville también explica que la mente subconsciente no sabe la diferencia entre algo que realmente ha sucedido, y la imagen que tienes en tu mente. Por lo tanto, puedes imaginar las cosas que quieres. Ten cuidado de no posponer lo que quieres ser, y no permitas que la procrastinación te robe los objetivos de tu vida. Sé quien quieres ser ahora, aunque sólo sea en tu imaginación.

La perspectiva general

Cuando los acontecimientos se vuelven demasiado desafiantes, puede ser útil dar un paso atrás y echar un vistazo al panorama general. Hacerlo te ayuda a comprender que lo que tienes entre manos puede parecer enorme e inútil, pero cuando lo miras a vista de pájaro, la imagen se vuelve mucho más pequeña y clara, y eres capaz de ver cosas que antes no podías ver. A veces, ampliar la visión de tu situación puede ayudarte a encontrar soluciones que ni siquiera sabías que existían.

Además de mantener tu mente sana, también es importante reconocer tu lado físico. Aquí tienes algunos consejos prácticos para mantener tu cuerpo sano:

Pasar tiempo al aire libre

La naturaleza es uno de los antídotos más eficaces para curar lo que nos aqueja.

Cuando salimos al exterior, ponemos en marcha los cinco sentidos para ralentizar el cerebro y ganar en claridad mental.

Los ejercicios asociados a la actividad al aire libre pueden tener un impacto positivo en nuestro estado mental y ayudar a aliviar la ansiedad y el estrés. Tanto si se da un pequeño paseo por un parque como si se hace una excursión por una montaña importante, pasar tiempo con las flores, los árboles y la vida silvestre puede hacer maravillas para la mente y el cuerpo.

Los lectores son líderes

El lema que motiva a millones de niños de todo el país a coger un libro tiene especial relevancia también para los adultos. Hay algo en perderse en una buena historia o en aprender sobre un tema que te gusta que te ayuda a ver las cosas de otra manera (más de lo que se ve). Escoge un género que te interese de verdad y, como se dice, piérdete en un libro y sal del otro lado con una nueva perspectiva.

Dale un respiro a la tecnología

No estoy diciendo que tengas que coger tu portátil y tirarlo al contenedor; la tecnología tiene su lugar en el mundo. Sin embargo, darse un respiro de los aparatos y de la World Wide Web puede ayudar a aliviar el estrés que tanto necesitas. A veces, conectarse con tanta gente y tener tantas cosas que hacer por ello puede causar un serio agobio. Haz pequeños cambios, como ir de compras o dar un paseo en lugar de navegar por la red. Deja el teléfono en la mesilla de noche durante parte del día cuando no lo necesites necesariamente.

En lugar de ponerte los auriculares, escucha los sonidos de la naturaleza. Apaga la televisión por la noche y lee un libro agradable. Estas acciones te ayudarán a calmar tu mente y a aliviar la ansiedad.

Consigue un hobby

Algunos de los beneficios asociados a tener una afición son que te obliga a frenar y explorar tus talentos. ¿Crees que no tienes ningún talento? Bueno, ¿qué te gusta hacer? ¿Eres jardinero?

¿Te gusta la música y quieres aprender a tocar un instrumento?

. . .

¿Y si coges un lienzo y te sientas al aire libre a pintar un bonito paisaje? ¿Te gusta coleccionar cosas? Hay un mundo interminable de posibilidades cuando se trata de encontrar algo que te guste hacer. Encuentra una pasión o algo en lo que te gustaría mejorar y ve a por ello.

La risa es realmente la mejor medicina

Al igual que el ejercicio, la risa tiene el poder de mejorar el sistema inmunitario, aliviar el estrés y mejorar el estado de ánimo. Consiga un amigo y encuentre algo de lo que reírse.

Asiste a una obra de teatro cómica, ve a un cómico o mira una película divertida. El mero hecho de sonreír crea endorfinas en el cerebro, que sirven como analgésico natural.

Come algo saludable

Comer de forma saludable hace mucho más por el cuerpo que mantenerlo delgado. La comida tiene energía, como todo lo demás. Sentarse a un montón de comida basura puede parecer una buena idea, pero sus consecuencias son duraderas. Si quieres ser una persona que se sienta viva y llena de energía, entonces necesitas consumir alimentos que estén vivos y llenos de energía. Comer alimentos sanos estimula la producción de sustancias químicas buenas en el cuerpo, ayudando a equilibrar las hormonas, los niveles de azúcar en la sangre y el estado de ánimo. Todo ello hace que el acto de perdonar parezca mucho más fácil.

Después de aplicar algunas de estas estrategias, es posible que te sientas mucho mejor por dentro y por fuera. Hacer cambios en tu mente y en tu cuerpo ayudará a que tu vida sea más rica y tenga más sentido. Has trabajado mucho. Ahora, es el momento de pasar a encontrar lo que cada experiencia te está diciendo. Siempre hay algo que aprender en cada situación. En el próximo capítulo, exploraremos las lecciones que esconden tus experiencias.

5

Encontrar la Lección

Cada experiencia nos da la oportunidad de aprender algo de ella. Sin embargo, depende de nosotros encontrar la lección asociada a nuestros retos. Hemos hablado de cómo ver las cosas desde una perspectiva diferente. Esto es importante porque si elegimos ver las cosas de manera diferente, también podemos permitirnos la lección que nos aportará el mayor crecimiento. Como dice una cita popular de Eric Bates: "No hay nada negativo en la vida, sólo retos que superar que te harán más fuerte".

La mayoría de las veces, cuando nos enfrentamos a una situación adversa, pasamos una buena cantidad de tiempo tratando de luchar contra ella. No la queremos en nuestra vida, así que no la aceptamos y por lo tanto construimos una tonelada de resistencia alrededor de ella. Luchar y resistirse a algo no sólo no ayuda a la situación, sino que en realidad puede crear más de lo que no queremos, debido a nuestro enfoque en lo que no está funcionando.

Si alguna vez has escuchado el dicho "Lo que se enfoca se expande", entonces puedes ver lo perjudicial que puede ser luchar contra una situación.

Tenemos dos opciones cuando nos enfrentamos a un problema. Podemos luchar y crear muros de negatividad, o podemos verlo como una experiencia más de la vida. Aunque no te gustaría repetir algo difícil por lo que has pasado, aceptar lo que ha sucedido te da poder sobre la situación. Y superar lo que ha sucedido, en lugar de quedarte atascado en el fango, puede liberarte de ello.

Pregúntate: "*¿Qué he aprendido de esta experiencia?*".

Según la neurociencia, cuando haces una pregunta, tu cerebro se pone a trabajar para encontrar la respuesta. Hacerse preguntas bienintencionadas sobre lo que ha pasado puede darte esperanza. En lugar de ver lo que ha sucedido como algo de lo que arrepentirse, ¿por qué no darse la oportunidad de encontrar lo bueno en ello? Un reto puede ayudarte realmente a aprender quién eres, cuánto puedes soportar y qué quieres en última instancia en la vida. Hay un libro estupendo que habla de hacer preguntas y del poder que tienen. Se llama ¿Y si todo sale bien? de Mendhi Audlin. Explica por qué el cerebro hace lo que hace cuando se hace una pregunta y cómo puede cambiar tu vida.

Pregúntese: "¿Qué podría haber hecho de otra manera?"

Una buena práctica es analizar qué habría pasado si hubieras tomado otras decisiones. A veces, ver cómo podrías haber tomado una decisión diferente sobre algo puede ayudarte a tomar decisiones diferentes para el resto de tu vida. La próxima vez, sabrás más y harás las cosas de otra manera.

Pregúntate: "¿Cómo puedo ayudar a otras personas con lo que he aprendido?"

La verdadera prueba de carácter brilla cuando utilizas lo que has aprendido en la adversidad para ayudar a los demás. A la gente le encantan los consejos de quienes han pasado por dificultades y han aprendido a mejorar su vida gracias a ellas.

. . .

Convertirte en alguien a quien la gente pueda admirar, como un consejero juvenil, un entrenador, un profesor o un amigo, puede dar sentido a tu vida y ayudarte a sanar.

Nunca te rindas

La siguiente historia es un buen ejemplo de cómo alguien puede aprender a perdonarse a sí mismo, a pesar de las enormes dificultades.

Aman llamado Bill pasó la mayor parte de sus 20 años encarcelado en una prisión de Wisconsin por diversos cargos. Le ofrecieron drogas a una edad temprana y, lamentablemente, se volvió terriblemente adicto. Las drogas le sedujeron a un mundo de alucinaciones y euforia.

La realidad alternativa le resultaba interesante y volvía a ella una y otra vez. Sin embargo, todo se vino abajo tras una noche de fiesta con un amigo de la universidad.

Después de separarse, el amigo se fue a casa y murió mientras dormía. A la mañana siguiente, Bill fue arrestado por proporcionar drogas al amigo. Fue acusado y condenado a diez años de prisión sin posibilidad de libertad condicional anticipada.

. . .

Devastado, al principio contempló todas las formas posibles de escapar, incluido el suicidio. Después de un tiempo, decidió que no quería morir. Poco a poco, aceptó la realidad de su nueva vida. Empezó a darse cuenta de que sus decisiones eran las que le habían metido en este lío. También reconoció que la forma en que iba a transcurrir el resto de su vida dependía de él y de lo que aceptara hacer de ahora en adelante. Tuvo que tomar algunas decisiones difíciles sobre su vida. Decidió que quería pagar las consecuencias de su error.

Decidió leer libros y estudiar para poder tomar las decisiones más inteligentes posibles que le colocaran en una posición de éxito. Leyó sobre grandes líderes de la historia, cómo pensaban, qué hacían y cómo actuaban. Pensó que si quería ser una persona de éxito cuando saliera de la cárcel, tendría que actuar como una persona de éxito y tomar algunas decisiones diferentes. Un día, uno de los reclusos le ofreció a Bill la posibilidad de tomar unas drogas que habían entrado de contrabando. En ese momento, se detuvo, sin saber qué hacer.

Se fue a su celda a pensar en ello y, al cabo de un tiempo, tuvo una epifanía: si quería mantenerse libre de drogas y corrupción cuando finalmente fuera liberado, tendría que empezar ahora.

. . .

Dijo que no al recluso y nunca miró atrás.

Bill salió de la cárcel a los 31 años sin trabajo, sin dinero y sin título universitario. Sabía que tendría que crear el éxito que quería, así que rápidamente se puso a trabajar. Consiguió un trabajo en el que ganaba 10 dólares por hora y, un año más tarde, abrió su propio negocio. En los cinco años siguientes, fue capaz de vender un millón de dólares en productos. Fue inteligente con su dinero, invirtiéndolo en fondos indexados y en bienes raíces. Se casó y siguió construyendo su cartera financiera.

Su blog, Wealth Well Done, trata de las lecciones que aprendió al pasar por esa difícil etapa de su vida. Dice: "Más allá de una prisión física, la mayor prisión en la que te puedes meter es la negatividad dentro de tu mente".

Bill estaba en un lugar en el que fácilmente podría haber renunciado a sí mismo. Hizo cosas de las que no estaba orgulloso y pagó un alto precio por sus errores. Podría haber elegido una vida de crimen y miseria, pero decidió perdonarse a sí mismo y seguir adelante. Quería mejorar y sabía que tendría que hacer grandes cambios para lograr el éxito que deseaba. Su historia es la del perdón y el triunfo sobre enormes obstáculos.

. . .

Esta historia apoya el hecho de que el perdón es una elección, un proceso y una actitud. El perdón es un cambio interior y muy personal. Requiere mucho trabajo, pero los beneficios físicos, mentales y emocionales del autoperdón hacen que el trabajo duro merezca la pena.

6

Ponerlo Todo Junto

El autor y maestro espiritual, Wayne Dyer, nos da un poderoso método S para usar por la noche antes de ir a dormir. En lugar de utilizar este tiempo para reflexionar sobre las tensiones del día, recomienda pensar en las cosas que quieres en tu vida. Afirma: "... recuerda que el último pensamiento que tienes en tu mente puede durar hasta cuatro horas en tu subconsciente. Eso son cuatro horas de programación de un solo momento de contemplación antes de pasar a tu estado inconsciente". Dicho así, puedes ver por qué es tan importante lo que piensas antes de dormir.

Son los pequeños cambios como éste los que marcarán la mayor diferencia en tu vida. Encontrar el perdón es algo muy personal, y en esta sección se ha esbozado un proceso para ayudarte a ser capaz de perdonarte a ti mismo. Sin embargo, es importante que te des cuenta de que cualquier cambio que hagas tendrá que ser apoyado durante el resto de tu vida.

Has hecho un gran cambio en tu conciencia pero tendrás que ser diligente en mantener los nuevos pensamientos y acciones para no caer en los viejos patrones. Detén deliberadamente tus pensamientos una vez que sepas que pueden llevarte en la dirección equivocada y permanece en el momento presente.

Permanecer en el momento presente es el único poder que tenemos con respecto a cualquier situación de nuestra vida.

En su libro de éxito internacional, You Can Heal Your Life, Louise Hay afirma: "Cuando no fluimos libremente con la vida en el momento presente, suele significar que nos estamos aferrando a un momento pasado. Puede ser el arrepentimiento, la tristeza, el dolor, el miedo o la culpa, la ira, el resentimiento y, a veces, incluso el deseo de venganza. Cada uno de estos estados proviene de un espacio de falta de perdón, un rechazo a dejar ir y entrar en el momento presente. El amor es siempre la respuesta a la curación de cualquier tipo. Y el camino hacia el amor es el perdón".

. . .

Perdonarse a sí mismo es algo maravilloso que puedes hacer por tu mente y tu cuerpo. Proporciona numerosos beneficios, algunos de los cuales incluyen:

Sentirse menos ansioso y/o deprimido. Este mundo viene acompañado de una buena cantidad de ansiedad y estrés, e incluso de situaciones deprimentes. El estrés asociado a la culpa puede carcomerte poco a poco y puede controlar tu comportamiento. Liberarse de la carga que supone aferrarse a los acontecimientos del pasado puede ayudar a aliviar estos síntomas. Al desaparecer éstos, te sentirás mucho más ligero y las preocupaciones del mundo no parecerán tan enormes. Cuando te perdonas de verdad, estás preparado para volver a disfrutar de la vida. Te sientes renovado y estás dispuesto a encontrar la alegría en las cosas. Sientes que mereces una segunda oportunidad de ser feliz.

La salud cardiovascular y general mejora. El corazón puede soportar una gran carga cuando se recuerdan las heridas del pasado. Esto puede acabar provocando problemas de salud.

Pero encontrar la paz con su situación puede aumentar enormemente la salud de su corazón y, por tanto, de todo su cuerpo. Dejar ir los pensamientos pesados y no deseados puede ayudar a reforzar tu sistema inmunológico, aliviar los dolores y dar más energía. Sabrás cuando has pasado página de verdad porque tu cuerpo te lo dirá.

. . .

La salud mental mejora. Ser capaz de perdonar puede ayudarnos a estar más en paz, a dormir mejor y a aliviarnos de trastornos como el estrés postraumático. Una curación en tu mente y en tu corazón puede venir del verdadero perdón. Esto puede darte una sensación general de armonía y bienestar. ¿Quién no quiere sentirse feliz todo el tiempo?

Empiezas a ver las cosas con ojos agradecidos. Liberarse de una carga que ha formado parte de tu vida durante mucho tiempo crea una ola de emoción y energía que puede llenarte de gratitud. Cuando sientes gratitud por las cosas que tienes en tu vida y eliges ver las cosas con una actitud de agradecimiento, muchas ideas viejas y desgastadas abandonan tu vida.

El orador motivacional Zig Ziglar dijo: "La gratitud es la más saludable de todas las emociones humanas. Cuanto más expreses tu gratitud por lo que tienes, más probable será que tengas aún más por lo que expresar tu gratitud."

Las relaciones mejoran. Cuando te sientes bien contigo mismo, las relaciones en tu vida se benefician de ello. La paz y la armonía que se derivan del perdón pueden hacer que te sientas menos agitado y más trabajador. Así, todos los que se relacionan contigo lo notan y están más dispuestos a trabajar contigo. La energía tranquila proviene de una mente tranquila. El perdón puede darte una mente tranquila.

Esto hace que sea fácil llevarse bien con la gente y tener relaciones significativas.

Tu vida espiritual mejora. Marco Aurelio dijo: "Lo que no transmite luz crea su propia oscuridad". Tanto si eres religioso como si no, los efectos del perdón pueden crear una serenidad espiritual que te inunda y se convierte en parte de ti. Cuando aprendes a buscar en tu interior las respuestas a los problemas difíciles, el resultado es que aprendes sobre tu naturaleza espiritual. El verdadero perdón se siente ligero, sereno y tranquilo, mientras que las emociones tumultuosas que rodean la falta de perdón se sienten pesadas y llenas de carga. Si puedes abrirte al poder espiritual que te da el perdón, puede que encuentres una parte de ti que no sabías que estaba ahí.

Algunas reflexiones finales sobre el perdón

No importa lo que hayas hecho, ni el tiempo que haya pasado desde que lo hiciste, puedes decidir hacer un cambio. Puedes elegir sufrir o no sufrir. Puedes elegir una vida libre de arrepentimientos del pasado. Puedes elegir con qué lidiar en el día a día. Y puedes elegir perdonarte a ti mismo.

La siguiente es una técnica que no he compartido hasta ahora. Me ha ayudado a ser capaz de perdonar en muchas ocasiones. Espero que te ayude a ser capaz de perdonar también.

Técnica: Me siento, respiro profundamente y me doy cinco segundos para sentir las emociones negativas que rodean la situación que estoy recordando. Emociones como la ira, el remordimiento, la culpa, la vergüenza... ya sabes cuáles son.

Me doy el lujo de cinco segundos para estar en ese mundo de negatividad, en ese mundo de arrepentimiento. Y cuando esos cinco segundos se acaban, simplemente tomo la decisión de que ya no voy a vivir de esa manera. Elijo perdonar. Digo: "Me perdono a mí mismo por...", rellena el espacio en blanco. Si estoy perdonando a otra persona, veo a la persona en mi mente y digo: "Te perdono". Si hay alguna resistencia al perdón, simplemente la observo y veo que sale de mi mente y mi cuerpo. Entonces, veo que la paz envuelve la situación, y realmente suelto y me permito liberarme de la carga que me ha retenido durante tanto tiempo.

. . .

Esta técnica no es para todos, pero si permites que lo sea para ti, experimentarás la paz.

¿No es eso lo que debemos permitir en estas circunstancias? ¿Es realmente tan fácil? ¿Podemos simplemente permitir la paz? Nunca lo sabrás si no lo pruebas.

Esta vida está llena de experiencias. Algunas son buenas y otras son malas. ¿O no lo son? Muchas de las grandes lecciones de la vida se aprenden a través de pruebas y tribulaciones. Un amigo mío me dijo una vez: "Tienes que experimentar lo que apesta para saber lo que mola". En otras palabras, si eliges llamar a las experiencias de tu vida "lecciones" en lugar de "fracasos", siempre obtendrás valor de ellas y aprenderás a llevar una vida de éxito. Y lo que es más importante, vivirás libre de las cargas del pasado, y tú, junto con todos los que se relacionan contigo, te beneficiarás.

APRENDER A QUERERSE A SÍ MISMO

CÓMO QUERERSE A SÍ MISMO

Quizá hayas oído el dicho: "No hay mayor poder que el amor". Pero, ¿qué poder tiene el amor?

¿Y por qué tanta gente vive su vida en busca de él? La Regla de Oro nos ayuda a entender que es importante tratar a los demás como nos gustaría que nos trataran a nosotros, amar al prójimo como a uno mismo. ¿Por qué es tan importante no sólo amar a los demás, sino también a uno mismo?

El amor es un poder que desafía la comprensión humana.

· · ·

Tiene la capacidad de sanar a las personas, de sanar situaciones, incluso de sanar el mundo

El amor real es honesto, amable y auténtico. Tiene la capacidad de reparar viejas heridas y de limpiarte de la negatividad que no te beneficia. El amor es la autoaceptación de lo que eres, tanto las partes buenas como las no tan buenas de ti mismo. El amor tiene que ver con el respeto que te muestras a ti mismo cuando atraviesas un periodo difícil. Es honrar los deseos del corazón y ser fiel a uno mismo. Es saber en el fondo que cuentas y que eres lo suficientemente bueno tal y como eres, incluso si hay espacio para crecer.

El amor puede adoptar diversas formas. Es el afecto que sentimos por nuestras familias y animales domésticos, así como la satisfacción de hacer algo que nos produce alegría. Podemos sentir amor cuando hacemos algo considerado por alguien o cuando alguien se desvive por nosotros. El amor puede expresarse de muchas maneras.

El amor es desinteresado

Imagina un futuro en el que las personas se acepten a sí mismas y a los demás independientemente de quiénes sean. Un mundo lleno de personas que resuenan con la alegría de sus almas, con el amor como su estado de conciencia por defecto.

. . .

Imagina que esas personas fueran compasivas entre sí, que se tocaran con sus almas, sus voces, sus mentes y su generosidad de espíritu. Sería una sociedad en la que la gente ya no depositara sus preocupaciones e inseguridades en los demás con la expectativa de obtener afecto o afirmación. No habría necesidad de ello cuando la validación y el amor se buscaran dentro de uno mismo. Como dijo sabiamente Mark Twain: "Si todo el mundo estuviera satisfecho consigo mismo, no habría héroes".

Cuando te abres a estos poderes y te entregas, sientes que una energía positiva empieza a fluir dentro de ti, a través de ti y desde ti. Hacer por los demás te eleva de una manera que llena el alma y ayuda a reparar los problemas personales.

Quererse a sí mismo no es una cuestión de vanidad

Hay una gran diferencia entre ser arrogante o estar lleno de orgullo y amarse a sí mismo. Quererse a sí mismo significa que estás dispuesto a cuidar tu cuerpo, tu mente y tu alma. Significa que valoras lo que eres y lo demuestras con la forma en que te cuidas. Una persona que se ama a sí misma es confiada, segura de sí misma y decidida.

Amarse a sí mismo proporciona beneficios increíbles

Comprender cómo amarse a sí mismo puede aportarle beneficios de gran alcance y duraderos. La emoción del amor tiene una de las frecuencias más altas de todas las emociones. Debido a esta alta frecuencia, cuando exudas o sientas amor, tu cuerpo estará más sano, tu piel brillará y te sentirás más feliz y realizado.

La información de esta poderosa sección le ayudará:

· Entender qué es el amor y por qué es importante para nuestro crecimiento.
· Explora los reinos del conflicto interior y por qué tendemos a autosabotear nuestros esfuerzos para lograr un cambio duradero.
· Ayudarte a crear un amor por ti mismo que sea verdadero y desinteresado.
· Vea los beneficios del amor.
· Avanza para crear amor y paz en tu vida.

El viaje para aprender a amarse a sí mismo está en marcha.

Has dado el primer paso al coger este libro. Permítete absorber estas palabras y tomarlas a tu propio ritmo. Aprender a amarse a sí mismo requiere tiempo y diligencia. Sigue leyendo para descubrir los beneficios de amarte a ti mismo y aprovechar las infinitas reservas de su poder.

8

Cambiar La Forma De Tratarse A Sí Mismo

Aprender a quererse a sí mismo es un proceso. Requiere tiempo, esfuerzo y paciencia. Esto es especialmente cierto si, como muchos de nosotros, te han convencido de que eres indigno o autoindulgente cuando te esfuerzas en buscar el amor propio. No sólo son falsas las percepciones que puedes tener sobre tu indignidad, sino que cuando estos pensamientos te impiden perseguir la confianza y la fe en ti mismo, pueden limitar significativamente tu capacidad de alcanzar todo tu potencial. Si no te tomas el tiempo y te esfuerzas en invertir en el cuidado de ti mismo, no podrás hacer realidad tu poder personal, ni en tu propio beneficio ni en el que puedes ofrecer a los demás. Si no eres capaz de cuidarte y darte valor a ti mismo, tu capacidad de cuidar a los demás es limitada y tu capacidad de aceptar el amor disminuye. El cultivo del amor propio es la base sobre la que puedes construir una vida feliz, plena y con sentido.

Crea un patrón de amor

Dado que aprender a quererse a sí mismo requiere diligencia, puede ser útil empezar con algo sencillo, como crear una nueva rutina o cultivar un nuevo hábito. Al hacerlo, se iniciará el proceso de creación de un patrón de amor (un conjunto de comportamientos que conducen al cuidado de uno mismo y alimentan la autoestima). Todos los ciclos de pensamiento y comportamiento crean lo que estás viviendo ahora. Así como los ciclos negativos pueden crear caos, puedes crear ciclos que produzcan efectos amorosos y positivos. Una vez que el ciclo y el patrón se han establecido, puedes acceder rutinaria y fácilmente al amor asociado a él. El truco está en establecer ese patrón, y luego nutrirlo diariamente.

Método: Crea una declaración relativa a ti mismo que se sienta bien y real. No hagas algo como: "Me amaré a mí mismo cada día durante el resto de mi vida". Hazla factible y pequeña, algo como: "Hoy me voy a tomar más tiempo para sentir amor por lo que soy". Escribe tu afirmación en un papel y ponla donde la veas cada mañana y cada noche. Dedica unos dos minutos a reflexionar sobre la afirmación. Después, déjalo estar y sigue con tu día. Al final de la semana, fíjate en cómo te sientes cuando lees la afirmación, en comparación con lo que sentías al principio de la semana. ¿En qué sentido te sientes diferente sobre ti mismo?

. . .

Cuando abrazas el amor propio, estás alimentando tus necesidades físicas, psicológicas y espirituales. Cada aspecto de estas necesidades debe ser satisfecho para crear un patrón de amor duradero. Aborda cada uno de los siguientes aspectos con una acción específica y deliberada.

Requisitos físicos

Cuidar el cuerpo es un requisito previo para el amor propio. Comer sano, hacer ejercicio con regularidad y dormir lo suficiente son, por supuesto, los cimientos sobre los que se construye la buena salud general. Además de estos hábitos, aprende a escuchar a tu cuerpo y a ser consciente de tus necesidades físicas. A veces, puede que necesites alejarte de una situación angustiosa y llamar a un amigo para que tu cuerpo se sienta mejor. En otras ocasiones, puede que necesites satisfacer ese antojo de chocolate para que tu cuerpo se sienta satisfecho. A veces, hay que decir "no" a otras obligaciones y tomarse tiempo para descansar el cuerpo. Asegúrate de escuchar lo que te dice tu cuerpo y responde con consideración a sus necesidades.

Salud psicológica

Al igual que la salud física, la salud mental es un aspecto muy importante del amor propio. En este mundo tan ajetreado, es fácil ignorar el estrés y el agobio, y seguir quemando la vela por los dos extremos, lo que puede dificultar mucho el afrontamiento de la vida. Asegúrate de establecer límites saludables que te permitan desarrollar tu propio y claro sentido del yo.

Esto significa que debes dar prioridad a ti mismo y a tus necesidades siempre que sea posible. Si tu pareja necesita que completes una tarea después de un duro día de trabajo y tú te sientes completamente agotado, sé honesto y hazle saber que eso no es algo que puedas hacer en este momento. Nadie es perfecto y no debes esperar aspirar a estándares imposibles. Busca la perseverancia, no la perfección.

Si crees que necesitas ayuda, explora el asesoramiento u otra ayuda profesional cuando las circunstancias lo exijan. Ignorar una crisis psicológica es tan perjudicial para nuestro bienestar como desatender una enfermedad física. No dejarías de llamar al médico si te rompieras un brazo o tuvieras bronquitis, ¿verdad? Y nadie espera eso de usted. A veces puede ser difícil transmitir lo que sientes a los demás, así que debes aprender a ser tu propio defensor para asegurarte de que tienes la ayuda y el apoyo que necesitas.

Hay formas prácticas de ayudar a mantener la mente y el cuerpo sanos, algunas de las cuales se explican en el último capítulo de este libro: Técnicas alternativas para desarrollar el amor propio y la curación. A veces, una caminata al amanecer o una meditación tranquila es todo lo que necesitas para encontrar el equilibrio. Explora estas áreas para encontrar prácticas que te hablen y te ayuden a encontrar consuelo.

Alimenta tu espiritualidad

Considerar tus necesidades espirituales es un aspecto muy importante del amor propio. Tanto si eres religioso como si no, tomarte un tiempo para encontrar la paz y reflexionar sobre lo que este mundo significa para ti, y lo que tú significas para el mundo, puede ser justo lo que te ayude a superar un momento difícil. Esto puede significar un gran número de cosas para usted, desde encontrar tranquilidad y consuelo en la religión hasta descubrir el significado y el propósito de su vida. Puedes cultivar el crecimiento espiritual de numerosas maneras prácticas, entre ellas:

· Asistir a los servicios de la iglesia.
 · Participar en el estudio de textos religiosos.
 · Participar en trabajos significativos o actos de caridad.
 · Perfeccionar tus habilidades en una afición.
 · Persiguiendo la iluminación filosófica.
 · Comunicarse con la naturaleza de forma respetuosa.

· · ·

Incorporar cualquier actividad que nutra tu mente, cuerpo y alma ayuda a abarcar el amor propio.

Comprender las consecuencias de la falta de amor propio

Si no cultivas conscientemente el amor propio, podrías estar dañando irremediablemente no sólo tu propio potencial, sino también tu capacidad de cultivar el amor por los demás. El amor es la base sobre la que se fomentan las amistades y se alimentan los vínculos familiares. El amor es la tierra de la que florecen las relaciones románticas. Cuando te amas a ti mismo, ese amor puede florecer en amor por los demás, fluyendo a través de ti y hacia el mundo que te rodea. Las consecuencias de la falta de amor a uno mismo son importantes y afectan a casi todos los aspectos de la vida.

Sin amor propio, sentimientos negativos como la ansiedad, la depresión, la ira y la vergüenza pueden dominar tu vida. Muchas personas se quedan atascadas lamentando acciones pasadas (depresión, vergüenza) o preocupándose innecesariamente por acontecimientos futuros (ansiedad) porque no pueden sentirse cómodas en su propia piel. Pueden arremeter contra ellos porque proyectan su propio odio a sí mismos hacia los que les rodean. Si estos sentimientos se vuelven intrusivos y dominantes, pueden provocar trastornos clínicos y comportamientos peligrosos.

La falta de amor a uno mismo también se traduce en una incapacidad para cultivar la compasión y el perdón hacia uno mismo y hacia los demás. Practicar la tolerancia hacia tus propios defectos y debilidades te ayuda a aceptarlos en los demás. Perdonarse a sí mismo por los errores del pasado es crucial para amarse en el presente. También te hace más hábil para perdonar a los demás.

Sin amor propio, puedes experimentar una disminución de la capacidad de recuperación y una pérdida de resistencia. Tu capacidad para recuperarte de las circunstancias difíciles o para superar los inevitables obstáculos de la vida se ve comprometida cuando no crees en ti mismo. Puede ser incapaz de soportar el interminable ciclo de emociones negativas que siente que le asaltan tanto por su autoconciencia como por las circunstancias que le rodean. Es posible que busques soluciones poco saludables a tus problemas, como abusar del alcohol, las drogas, la comida o las actividades repetitivas o que entorpecen la mente.

Todo esto puede llevar a una pérdida de límites saludables y de un claro sentido de sí mismo. A medida que desciendes a sentimientos de impotencia y desesperanza, pierdes la capacidad de amarte a ti mismo, la capacidad de confiar en ti y, por tanto, el poder de tomar buenas decisiones por ti mismo. Puedes empezar a sentir que nada puede cambiar, que tú y tus necesidades no importan y que no mereces amor ni felicidad.

Como puedes ver, no quererte a ti mismo puede iniciar una espiral descendente de negatividad no deseada.

La buena noticia es que aprender a amarte a ti mismo combate todos estos problemas. Ese proceso comienza hoy, y cada día en adelante.

Asumir la responsabilidad de tu amor propio

Como con cualquier nuevo hábito que intentamos adquirir y establecer, la responsabilidad es clave para su éxito final. Asume la responsabilidad de tu amor propio poniendo en práctica los hábitos que se describen a continuación y rompiendo los patrones descritos anteriormente. Muchos expertos creen que los hábitos no se rompen tanto como se reemplazan; tu responsabilidad es reemplazar el ciclo negativo de abandono por un ciclo positivo y optimista de atención.

¿Cómo puedes empezar y continuar ese ciclo positivo y optimista para ti? Crea nuevos y mejores hábitos que generen un tú más feliz, más pleno y más amado. Cultiva un diálogo interior positivo y alentador utilizando la inspiración que se ofrece al final de este capítulo, añadiendo cualquiera de las actividades físicas, psicológicas y espirituales mencionadas anteriormente. En última instancia, tú eres el responsable de reentrenar tu cerebro e implementar un cambio positivo, pero recuerda que no estás solo. Aunque seas tú el responsable de hacer estos cambios por ti mismo,

tienes recursos y apoyo disponibles en los que confiar mientras te abres a la creencia de que eres digno.

Utilice un sistema de recompensas

Una de las formas más productivas de empezar a lograr un cambio constructivo es crear un sistema de recompensas para uno mismo. Cuando decides darte algo positivo y/o placentero por completar una tarea, el cerebro libera dopamina, una sustancia química que activa la sensación de satisfacción. A medida que continúas con esta práctica, el cuerpo y el cerebro quieren repetir esa sensación, y así la acción se convierte rápidamente en un hábito. A medida que estos comportamientos amorosos se convierten en hábitos arraigados, la recompensa se convertirá en un subproducto natural de la acción. Cuanto más aprendas a amarte a ti mismo, más placer obtendrás del amor propio en sí mismo. El cerebro liberará dopamina asociada a estos hábitos positivos, motivándote a continuar con ellos. Esto, a su vez, creará beneficios que son subproductos naturales, como mejores relaciones y una vida más significativa.

. . .

Para crear este sistema de recompensas, tómate un tiempo para pensar en lo que te gusta. ¿Te gustan los baños de burbujas? ¿O un refrescante paseo por el bosque? ¿Qué te parece leer tu novela favorita? Conviértelos en una recompensa por tratarte con cariño a lo largo del día.

Cultiva estos hábitos para crear un entorno amoroso para ti

Aprovechar tus vastas reservas de amor propio requiere concentración y práctica, así como la voluntad de investigar y renegociar viejos comportamientos y rutinas anquilosadas. He aquí algunas formas positivas y productivas de comprometerse con uno mismo de forma cariñosa, atenta y compasiva:

Deja de cometer el error de compararte con los demás. Eres único y valioso. Tu autoestima no tiene absolutamente nada que ver con los éxitos, fracasos, acciones o experiencias de los demás. Si te encuentras atrapado en este patrón de comportamiento, toma estas medidas concretas para romperlo: desconéctate de las redes sociales, deja de seguir los cotilleos de los famosos, prohíbe los realities de televisión y aléjate de las relaciones que se alimentan de los celos.

. . .

No tienes que cambiar para ser digno. Ya eres digno de amor propio, en el aquí y ahora, en este momento, sin tener que hacer o cambiar una sola cosa de ti mismo. Tu valor es innato, y nadie puede privarte de él.

Tienes permiso para divertirte. No necesitas el permiso de nadie para apreciar tu vida. A menudo, una de las cosas más profundas que perdemos durante la edad adulta es la de divertirnos, la de hacer algo agradable sólo por el hecho de hacerlo. Participar en la espontaneidad y el deleite de una actividad emocionante que alimente tu alma es tan importante para el amor propio como cualquier cosa que hagas en tu vida diaria. Recuérdate que eres suficiente y que no necesitas el permiso de nadie para experimentar la alegría.

No olvides la Regla de Oro. Muchos de nosotros tratamos a los demás mucho mejor de lo que nos tratamos a nosotros mismos, especialmente si somos cuidadores, como padres, cónyuges o hijos adultos de padres ancianos. Haz que la Regla de Oro forme parte de tu lectura diaria. Te ayudará a recordar que mereces tanto amor y respeto como las personas que te rodean.

Dedica tiempo a la autorreflexión y la exploración. El examen de uno mismo es una actividad que merece la pena. Concédase tiempo para comprender quién es y qué quiere. Haz un test de personalidad o empieza a escribir un diario para registrar tus pensamientos. Pruebe una nueva afición o persiga un objetivo profesional que antes consideraba inalcanzable.

Cambia tu diálogo interior

Aprender a hablar contigo mismo con amor y respeto es uno de los hábitos más importantes que vas a desarrollar. Piensa en cuántas veces has mantenido una conversación contigo mismo.

¿Criticas cómo haces las cosas? ¿Eres duro contigo mismo por no saber algo, o te reprendes por tomar una decisión? La autoconversación negativa puede ser tan perjudicial como cualquier herida externa que puedas sufrir. Un diálogo interior constantemente crítico daña tu psique y puede crear vías neurológicas en el cerebro que te hacen más susceptible a los trastornos del estado de ánimo e incluso a las enfermedades físicas.

Hay varias maneras de ayudarte a detener el pensamiento crítico y, en su lugar, crear una atmósfera de amor y apoyo para ti mismo. En el siguiente capítulo, exploraremos algunas de las numerosas formas de alterar esa narrativa interna, incluyendo el evitar activamente los patrones de pensamiento negativo.

9

Tu Crítico Interior y El Autosabotaje

Una de las partes más difíciles de aprender a quererse a sí mismo O es superar la autoconversación negativa. Cuando has pasado tanto tiempo reprendiéndote, escuchando a tu crítico interior y practicando el autosabotaje, es fácil perder de vista la maravillosa persona que eres y el increíble potencial que posees. Abordar los patrones de pensamiento y comportamiento que reproducen continuamente la negatividad y los hábitos autodestructivos es primordial para el proceso de mejorar la imagen de uno mismo y reparar la relación con uno mismo. Dejar ir los remordimientos, las heridas y la vergüenza proporciona el espacio que necesitas para avanzar, abrazando una vida libre de dolor psíquico y de culpa.

Cambiar el diálogo interior, al igual que aprender a quererse a uno mismo, requiere tiempo y esfuerzo. Por desgracia, muchos de nosotros hemos vivido mucho tiempo con un crítico interior activo.

Las vías neuronales bien utilizadas nos llevan por el mismo camino negativo que conduce a los problemas de autoestima mientras arrastramos maletas mentales llenas de equipaje culpable. Este capítulo explorará cómo podemos calmar esa autoconversación saboteadora, silenciar ese crítico interior y dejar de lado esas pesadas maletas.

Deja de criticarte a ti mismo

La autora Brené Brown dijo: "Habla contigo mismo como lo harías con alguien a quien quieres".

¿Cuándo fue la última vez que te hablaste a ti mismo como si te quisieras? La crítica a uno mismo es muy perjudicial y aprender a cambiar esa voz crítica en tu cabeza no siempre es fácil; sin embargo, es imprescindible para tu curación que reeduques tu mente. A menudo olvidamos que el poder de nuestra mente es tan impresionante, que literalmente crea la realidad en la que vivimos. Convertir tus pensamientos en un diálogo más constructivo y positivo te ayudará a convertir tu crítico interior en tu mayor defensor. Aquí tienes algunas técnicas específicas que detendrán esas feas voces en tu cabeza:

Mírese a sí mismo como un amigo

Piensa en tener un mejor amigo. Haces todo con ese amigo y pasas todo tu tiempo con él; sin embargo, en lugar de edificar a tu amigo, estás constantemente derribándolo, diciéndole lo inútil que es. Críticas su forma de hacer las cosas, su aspecto, su forma de actuar... Constantemente ves a este amigo como alguien que no es lo suficientemente bueno. Ahora, ponte en la posición de tu amigo. Ese amigo eres tú.

¿Seguiría siendo tu amigo si lo tratas así? ¿Serías amigo de alguien que te tratara así? Entonces, ¿por qué te harías esto a ti mismo?

Método: Lleva un cuaderno contigo durante unos días. Cada vez que te sorprendas diciéndote algo a ti mismo, escríbelo. Al cabo de unos días, revisa lo que te dices a ti mismo. ¿Qué dice tu voz interior? ¿Los pensamientos son mayoritariamente negativos? ¿De dónde vienen? ¿Tienen su origen en una experiencia de la infancia? ¿Un momento en el que te sentiste menospreciado?

Reconocer de dónde vienen tus pensamientos es un paso crucial. Si no eres consciente de la procedencia de tu autocrítica, será difícil desviar los patrones de pensamiento disfuncionales. Una vez que empieces a darte cuenta de la frecuencia con la que aparece tu crítico interior y de lo que parece estar más centrado en decir, entonces podrás evaluar activa y objetivamente la exactitud de esas críticas.

Una vez que conozcas mejor el origen de tus pensamientos, es el momento de cuestionarlos.

¿Son verdaderos? ¿Y si eliges pensar algo diferente? ¿Qué pasaría con esos pensamientos? Cuestionar las cosas rompe esas vías obstinadas del cerebro y permite que fluya una nueva comprensión.

Este ejercicio puede ayudarte realmente a investigar y evaluar aquellos elementos de tu vida que pueden no estar funcionando. Aunque tu crítico interior probablemente sea demasiado duro en su evaluación de tu vida y tus capacidades, en realidad puede estar señalando algunas posibilidades de mejora. Utiliza esta evaluación como motivación para cambiar lo que no funciona por un hábito de pensamiento más equilibrado.

Cómo cambiar tu forma de pensar

A partir del ejercicio anterior de escribir tus pensamientos tal y como vienen, el siguiente paso es el proceso de detener un pensamiento cuando se manifiesta y cambiarlo por algo más constructivo. Esto se hace de forma deliberada. Por ejemplo, si te dices a ti mismo: "Eres tan tonto, ¿por qué lo harías de esa manera?", cámbialo deliberadamente por: "Hacer las cosas de esa manera podría funcionar, o también podría funcionar hacerlo de otra manera. Cualquiera de las dos formas está bien, y me acepto". Además de hacer el trabajo mental, es increíblemente poderoso expresar en voz alta cómo estás cambiando tu pensamiento negativo. Decir las cosas en voz alta hace que el cerebro crea lo que estás diciendo. Accede a la mente subconsciente de una forma más poderosa que si se limitara a pensar algo. Cuando combinas estas dos prácticas, tienes la mejor oportunidad de marcar la mayor diferencia.

Este esfuerzo te permitirá crear un espacio para la autocompasión a través del hermoso acto de practicar la bondad y la comprensión contigo mismo. Esto, a su vez, provocará otros beneficios, como poder ser más compasivo con los demás.

Debes ser capaz de darte a ti mismo la compasión, la comprensión y la validación que necesitas. De lo contrario, no podrás encontrarla realmente. Otras personas no pueden darte la validación que necesitas en el fondo, y realmente no quieres que lo hagan. De lo contrario, siempre buscas que otro solucione tus problemas.

Además, los demás pueden dártela, pero si tú mismo no te la crees, no la aceptarás y no podrás dar de ti mismo si estás tirando de un recipiente vacío. Con el tiempo, te secarás y no te quedará nada que dar. El verdadero secreto para encontrar el amor propio es dártelo a ti mismo.

Los japoneses tienen un arte llamado Kintsugi, en el que toman cerámicas rotas y las vuelven a fundir utilizando oro o algún otro metal valioso para resaltar las grietas que han sido remendadas. La idea es que al aceptar las imperfecciones, el resultado es algo más fuerte y hermoso. Esta metáfora tiene un poderoso mensaje: somos fuertes, hermosos y mucho más que nuestros defectos o imperfecciones.

Además de cuestionar a tu crítico interior y cambiar deliberadamente tus pensamientos hacia algo más positivo, los siguientes ejercicios te ayudarán a quererte más fácilmente:

Enfatiza la autocompasión por encima del autojuicio

Una vez más, se trata de cambiar el interruptor de lo que normalmente haces a lo que quieres avanzar. No todo lo que ocurre está bajo tu control, pero puedes entrenarte para ser más amable, más paciente y más amoroso con tu personalidad. Tienes cualidades que nadie más tiene en el planeta. Eres un individuo único que tiene un propósito y un significado. Es hora de que empieces a tratarte a ti mismo de esa manera.

Abraza tu humanidad común en lugar de sufrir en aislamiento

Aprender a amarse a sí mismo significa dejar de lado el "yo" egoísta y sufriente, como si uno fuera el único ser humano que se encuentra con dificultades y adversidades. Demasiadas personas creen que los problemas y la adversidad que atraviesan son exclusivos de ellas; sin embargo, afrontar los momentos difíciles, experimentar la angustia y enfrentarse a los fallos personales forma parte de nuestra humanidad compartida. Reconoce que no estás solo en tu sufrimiento y que puedes controlar tus reacciones y tus respuestas. Esto aliviará inevitablemente tu carga.

Practicar la atención plena en lugar de ser reactivo

La paz se puede encontrar cuando, en lugar de centrarse en las dificultades, el dolor y el estrés de la vida humana, se sustituyen estas emociones por la apertura, la tolerancia y la gratitud. En lugar de reaccionar a los estímulos externos o a la agitación interna con respuestas emocionales, trabaja para ver tu situación con atención plena y compasión. Cuando te comprometes de esta manera, aceptas tus pensamientos y sentimientos tal y como son, observando en lugar de juzgando. La atención plena significa que vivimos y observamos el momento presente, permitiendo que el pasado sea el pasado y el futuro sea el futuro. El profesor estadounidense Jon Kabat-Zinn dijo: "La atención plena es una forma de hacernos amigos de nosotros mismos y de nuestra experiencia".

Comprender los hábitos destructivos

Al pasar de ser tu peor crítico a convertirte en un mejor amigo compasivo, empezarás a abordar algunos de tus hábitos más destructivos, como el autosabotaje. En la mayoría de los casos, los comportamientos de autosabotaje se manifiestan de un puñado de formas comunes. Estos comportamientos van desde la práctica aparentemente inofensiva de la procrastinación hasta los hábitos potencialmente mortales asociados con el abuso de sustancias y los actos compulsivos y perjudiciales. El autosabotaje incluye cualquier patrón de comportamiento que interfiera con su capacidad para alcanzar objetivos saludables y funcionar a un alto nivel en su vida diaria. Estas acciones también pueden, con bastante facilidad, quitarte la capacidad de experimentar alegría y felicidad, e incluso pueden descarrilar tu vida de forma significativa y duradera. Dejar de lado los hábitos destructivos te devolverá al camino de los logros, la felicidad y el amor propio. A continuación se indican algunos pasos concretos que puedes dar para deshacerte de los hábitos que no te ayudan:

Identificar los desencadenantes

Una vez que puedas determinar qué es lo que te hace buscar consuelo en comportamientos poco saludables, estarás mejor equipado para evitar que el autosabotaje continúe. Aprenda a sustituir los hábitos destructivos por respuestas más saludables.

Por ejemplo, si tomas una bebida alcohólica después de un día estresante en el trabajo, elige una actividad diferente para combatir el estrés, como un paseo consciente o una llamada telefónica con un amigo que te apoye.

Acabar con el ciclo de la vergüenza

En lugar de reprenderte por tus acciones, reconoce que simplemente estás en un ciclo habitual, y que ese ciclo puede cambiarse. No eres una persona terrible por tener un hábito destructivo; sin embargo, puede que el hábito no te beneficie.

Culpar y avergonzar sólo hará que te sientas peor contigo mismo, así que ten paciencia mientras tomas medidas para superar los comportamientos. Recuerda que estás en el proceso de crear una persona más sana y feliz.

Vea los obstáculos como oportunidades

Cuando cambie de hábitos, tendrá fracasos. Pero en lugar de caer en la desesperación con cada fracaso, vea sus errores como oportunidades de aprendizaje. Nadie es perfecto la primera vez que intenta algo, y mucho menos un experto. Se aprende con cada intento, con la práctica y con la experiencia.

Esto es cierto para cualquier cosa en tu vida. Recuerda que asumir la responsabilidad de tus actos te asegura no seguir cometiendo el mismo error.

Esté preparado y busque apoyo

Si está preparado para enfrentarse a sus hábitos destructivos, estará mejor preparado para manejarlos. Por ejemplo, si tiendes a comer en exceso cuando te enfrentas a la adversidad, prepárate para el éxito abasteciéndote de aperitivos saludables en lugar de comida basura. Busca el apoyo de otras personas que puedan tener los mismos comportamientos de autosabotaje que tú, lo que te ayudará a recordar que no estás solo.

. . .

Hablar sobre un hábito saboteador puede orientarte hacia un comportamiento nuevo y mejor.

Si crees que el hábito es demasiado grande para superarlo por ti mismo, busca la ayuda de un profesional. Hay muchos lugares y personas cuyo objetivo es ayudarte a superar tus hábitos. Dar el paso de buscar ayuda es una de las cosas más valientes que podrás hacer.

Mejora tu imagen personal y deshazte de la negatividad

A menudo, adoptamos hábitos de autosabotaje cuando estamos aburridos o nos sentimos atrapados en circunstancias insatisfactorias. Una vez que identificas lo que realmente quieres -es decir, fijas metas, rastreas sueños, imaginas potencialidades- entonces estás más motivado para establecer mejores hábitos que te permitan ver esas visiones, sueños y metas convertidas en realidades exitosas.

Cuando dejas atrás los hábitos poco saludables, estás en camino de remodelar tu imagen personal de forma positiva y enriquecedora. Esta remodelación consiste en eliminar toda la negatividad de tu vida, desde silenciar a tu crítico interior y descartar los comportamientos de autosabotaje, hasta llenar tu mente y tu espacio con energía constructiva y apoyo alentador.

Se trata de evaluar todos los aspectos de tu vida y purgarla de negatividad. Es más fácil quererse y respetarse a uno mismo una vez que se eliminan las influencias y las búsquedas negativas de la vida.

Recuerda tu valor

Haz una lista de tus mayores puntos fuertes y ponla donde puedas verla a diario. Esto te recordará todas las increíbles características que posees y los logros que has alcanzado.

Consultar esta lista a menudo te ayudará a verte a ti mismo bajo una luz amorosa.

Deja de juzgar a los demás

Ya hemos hablado de que ser crítico con uno mismo es una de las cosas más perjudiciales que se pueden hacer. Lo mismo ocurre si eres crítico con los demás. Pasar tu tiempo menospreciando a otra persona sólo te atrapa en ese ciclo interminable de negatividad. Deja de criticar, evita los cotilleos siempre que sea posible y deja de lado los juicios instintivos que no sirven para nada. Todo el mundo está luchando una batalla de la que los demás no saben nada. Ser amable con los demás te ayuda a ser amable contigo mismo.

Deshazte de los rencores y aprende a perdonar

Aferrarse a los sentimientos negativos del pasado sólo te frena en el presente. Aferrarse a la ira y al dolor sirve para convertirte en una persona enfadada e hiriente. Haz las paces con quienes te decepcionaron en el pasado. Utilizar las sugerencias de la primera parte de este libro, Cómo perdonarse a sí mismo, puede ayudarte a superar los agravios del pasado para que finalmente puedas ser libre y seguir adelante.

Sepárate de las relaciones tóxicas

Si te encuentras atascado en una relación estresante o poco saludable, hacer estos cambios en tu interior te ayudará a (a) encontrar la paz dentro de la relación o (b) alejarte de ella. Aunque puede ser difícil dejar ir a ciertas personas en tu vida, te debes a ti mismo estar en relaciones que estén basadas en el amor y el respeto. Tu nueva actitud sobre el amor a ti mismo te ayudará a salvar la distancia entre defenderte y permitir sólo lo mejor en tu vida.

Ordene su espacio y haga sitio para el crecimiento

Hay una ley que dice que ningún bien nuevo puede llegar a un entorno desordenado. Eso no sólo se aplica a las relaciones desordenadas y tóxicas, sino también al espacio desordenado y tóxico. No puedes tener claro lo que quieres y hacia dónde quieres ir si tu entorno no apoya la claridad. Así que limpia tu armario, tu escritorio, tu garaje, cualquier lugar que no te sirva. Deshazte de lo viejo y crea espacio para lo nuevo y mejorado. Te sorprenderá la rapidez con la que lo bueno se precipita en un espacio despejado para ello.

Comparte tu valor con los demás

También hay una ley que dice que lo que das, lo recibes de vuelta. Utiliza tus puntos fuertes para ayudar a otros en sus momentos de debilidad, lo que, a su vez, te ayudará a encontrar claridad para tu propia situación. Hazte voluntario de una organización benéfica, haz de mentor de alguien o ayuda a los necesitados. Esa energía positiva engrandecerá tu espíritu generoso y alimentará tu alma.

Crea una vida sin culpa

La culpa puede ser una emoción muy perjudicial. Aunque algunos creen que la culpa puede ayudar a una persona a mejorar de ciertas situaciones, hay muchas desventajas en los sentimientos de culpa a largo plazo. En primer lugar, te mantiene atascado en la energía del momento en el que se sintió la culpa. No se puede avanzar si no se encuentra una manera de dejar ir la vergüenza asociada a la situación.

. . .

Hay muchas claves para vivir una vida sin culpa, muchas de las cuales han sido o serán tratadas a lo largo de este libro. Una de las claves más importantes es aprender a entender qué es lo que te da un propósito. Si sientes que tu vida tiene sentido, que tus acciones te llevarán a un resultado importante y que eres una parte vital de algo más grande que tú mismo, entonces esos sentimientos pueden sacarte de las cadenas de la culpa.

Cuando empieces a confiar en tu juicio y a reconectar con tu confianza innata, saldrás del estado negativo y entrarás en la calma. Estar en paz con las decisiones que tomas alivia gran parte del miedo y la incertidumbre que pueden mantenerte atascado en una relación poco saludable con el yo.

El eclesiástico inglés Robert South dijo lo siguiente sobre la culpa: "La culpa en la conciencia, como el óxido en el hierro, la contamina y la consume, royendo y arrastrándose en ella, como lo hace aquello que al final carcome el corazón y la sustancia del metal". Vivir con la culpa puede, en efecto, carcomerte y consumir tu paz mental con el tiempo.

Acepta plenamente y vive una vida libre de culpa comprometiéndote a cultivar las mejores partes de ti mismo. Traza nuevos caminos hacia el éxito. Pavimenta nuevos caminos hacia tus objetivos. Abre caminos hacia tu paz interior. Comprométete con el viaje duradero y de afirmación de la vida que te lleva al amor propio.

10

Un Nuevo Viaje

Cuando empieces a cambiar tus pensamientos, tu forma de hablar y tus hábitos, empezarán a suceder cosas nuevas y emocionantes. Algunos incluso dirían que son milagros. Estos milagros pueden aparecer de diferentes maneras, desde simples sucesos cotidianos hasta grandes momentos que mejoran la vida. Saber que tienes el poder de responder positivamente y con optimismo hace que los milagros sigan apareciendo, que se acumulen y que adquieras la resistencia necesaria para superar cualquier acontecimiento negativo. Con el tiempo serás capaz de reconocer la negatividad y decirte a ti mismo: "Eso ha pasado, pero estoy bien y puedo seguir adelante. No tiene por qué afectarme".

Parte del reconocimiento de esos milagros ocurre cuando creas y mantienes un espacio para ti mismo para verlos. Incluso las pequeñas victorias cuentan como milagros en el gran esquema de las cosas, sólo tienes que ajustar tu perspectiva para verlo así.

Como dijo Albert Einstein, "Sólo hay dos maneras de vivir la vida. Una es como si nada fuera un milagro. La otra es como si todo fuera un milagro".

A medida que te conviertas en una nueva y valiente versión de ti mismo, notarás que los sentimientos de calma empezarán a aumentar el suministro de positividad a tu disposición. Cuanto más practiques y te des cuenta, más fácil te resultará hasta que el bien se convierta en una parte natural de tu forma de presentarte en el mundo.

Cómo crear esos milagros

Sé proactivo. Levántate y sal al mundo. Encuentra una atmósfera en la que los milagros puedan desarrollarse y prosperar. Mantente ocupado para obtener buenos resultados. Ten objetivos que te supongan un reto, pero que te den una sensación de logro. No te des el lujo de vivir en un momento negativo, sólo hay unos pocos momentos en esta vida. Haz que cuenten.

Empieza a escribir. Se ha demostrado que escribir un diario ayuda de muchas maneras; sin embargo, en lugar de escribir sobre las cosas que pueden haberte molestado, intenta escribir sobre las cosas que agradeces. Se ha demostrado que escribir las cosas que agradeces reduce el estrés y alivia los síntomas de enfermedades psicológicas como la ansiedad y la depresión. La gratitud, y todas las emociones que la acompañan (amor, alegría, paz) ayudan a elevar tu vibración a un nivel superior. Recuerda que todas las enfermedades prosperan en niveles vibratorios bajos, por lo que llevar un diario de gratitud puede ayudarte a no enfermar.

Ayudar a los demás. Involucrarse en una causa que ayude a alguien o a algo más que a uno mismo es una de las formas más gratificantes de obrar milagros en tu vida. Abre la puerta a muchas posibilidades, y sentirás un sentido de pertenencia cuando te pongas al servicio de los demás. Además, ¡puedes ayudar a otros a recibir milagros en sus vidas! ¡Ganamos, ganamos!

Cuando estás dispuesto a dejar que tu vida fluya dentro de un nuevo conjunto de reglas y energía, cada día se convierte en un milagro. Tu percepción de los acontecimientos y de los momentos se convertirá en el resultado de la luz que irradias al mundo. Una sola vela brilla con fuerza, pero cuando se encienden otras velas, el resplandor aumenta. Tú, como persona, tienes una luz que el mundo necesita, cuanto más la enciendas, más brillarán los demás, y los milagros aumentarán.

• • •

Si esto te molesta, ¡intenta escribir las cosas por las que estás agradecido! Se ha demostrado que escribir las cosas que agradeces reduce el estrés y alivia los síntomas de enfermedades psicológicas como la ansiedad y la depresión. La gratitud, y todas las emociones que la acompañan (amor, alegría, paz) ayudan a elevar tu vibración a un nivel superior. Recuerda que todas las enfermedades prosperan en niveles de vibración bajos, por lo que llevar un diario de gratitud puede ayudarte a no enfermar.

Entra en tu poder

¿Cuáles son los pasos que puedes dar para transformarte y entrar en una versión superior y más poderosa de ti mismo?

Puede sonar como un objetivo elevado, o demasiado grande para materializarlo alguna vez; sin embargo, no lo es si divides tu "cómo" en objetivos o hitos manejables.

Veamos cómo cocinar una comida como analogía de esta perspectiva. Cuando preparas una receta, ésta se divide en pasos. Si miras el plato terminado al principio, puede parecer demasiado complicado, así que ni siquiera quieres intentar hacerlo; sin embargo, si lees la receta, descubrirás que cada paso por sí solo no es una tarea tan monumental. Si vas paso a paso, pronto empezarás a ver el progreso. Una vez que todo está unido, el resultado es un plato fabuloso y delicioso que puedes preparar una y otra vez. Además, la próxima vez que lo haga, no le costará tanto hacerlo. Pronto se convertirá en algo natural y la gente acudirá a ti para pedirte la receta porque es demasiado deliciosa para resistirse. Así que, aunque la receta te haya parecido complicada al principio, la has hecho de todos modos, ¡y el resultado ha merecido la pena!

Adopta el mismo enfoque en tu camino hacia el amor propio: puedes mezclar, combinar y sustituir los ingredientes que te funcionen. Con la ayuda de recursos de confianza, aprenderás a utilizar las herramientas que elijas para romper el ciclo de la negatividad. Dichos recursos y herramientas están diseñados para adoptar la autoconversación positiva y la gratitud. Mezcla y combina tus métodos; vuelve a los que te ayudan y prueba otros nuevos. Aprenderás a confiar en tu intuición. Cuando te dedicas a las actividades que te aportan alegría y empiezas a cumplir los puntos de tu lista de objetivos, las cosas buenas suceden y siguen sucediendo en un increíble círculo de positividad. Esto es un maratón, no un sprint, así que concédase paciencia y amor durante el proceso.

Aquí tienes algunas formas de explorar tu poder mientras te comprometes a mejorar tu relación contigo mismo.

. . .

Afirmaciones. Piensa en una ocasión en la que alguien te haya dicho algo bonito o te haya dado un complemento increíble. Piensa en cómo te hizo sentir. Ahora, imagina que esa persona te dice algo parecido una y otra vez. Esto es lo que son las afirmaciones. Una afirmación positiva, altamente cargada, que puedes decir una y otra vez hasta que tu subconsciente acepte el nuevo pensamiento.

Una buena forma de saber qué afirmaciones positivas te funcionan es recordar cualquier cosa amable o de apoyo que te hayan dicho alguna vez. ¿Qué le han dicho? ¿Cómo te hizo sentir?

¿Qué afirmaciones positivas han dicho los demás sobre ti? ¿Cuáles son algunas de las afirmaciones positivas que has encontrado que resuenan contigo y cómo quieres verte a ti mismo? Escribe 1 ó 2 de estas afirmaciones en un papel y pégalas en el espejo de tu baño. Todas las mañanas y todas las noches, mírate a los ojos en ese espejo y repítete estas afirmaciones con claridad positiva. Cada vez que te laves las manos, te cepilles los dientes o salgas de la ducha habrá un recordatorio visible de la amabilidad que te estás mostrando. No puedes evitar absorber estas palabras y empezar a creerlas.

. . .

Esto te ayudará a aprender a confiar en tus mejores intenciones.

Algunos ejemplos de afirmaciones positivas son "Soy suficiente". "Soy amable, inteligente y resistente". "Estoy muy orgulloso de mí mismo". "Te quiero".

He proporcionado algunos ejemplos adicionales de afirmaciones en el último capítulo de este libro, Técnicas alternativas para desarrollar el amor propio y la curación.

Caminar. Por supuesto, sabemos que el ejercicio es bueno para nosotros. Ya sea haciendo senderismo o cardio en el gimnasio, aumentar el ritmo cardíaco puede ayudar al cuerpo a crear un cóctel de sustancias químicas positivas que ayudarán a que todo funcione mejor; sin embargo, en esos momentos en los que crear una rutina de ejercicios se siente un poco abrumador, considera simplemente dar un paseo.

Los beneficios de caminar, especialmente al aire libre, son enormes. Es de bajo impacto y perfecto para los que empiezan a ser más activos. Libera endorfinas para sentirse bien y alivia el estrés.

. . .

Comer sano. No puedes esperar que tu mente y tu cuerpo funcionen correctamente si no reciben las vitaminas y los minerales que necesitan. Llevar una dieta rica en nutrientes permitirá a tu cuerpo rendir al máximo. Por lo tanto, incluye muchas frutas, verduras y proteínas orgánicas en tus comidas diarias.

El yoga. Esta increíble práctica ancestral utiliza el estiramiento, la respiración y las posturas para ayudar al cuerpo a aliviar el estrés. Sólo quince minutos al día pueden ayudar al cuerpo a fortalecerse, mejorar los músculos centrales, inducir la claridad mental y la calma, y fortalecer los pulmones. Hay muchas clases gratuitas en línea que son accesibles para todos los niveles.

La meditación. Muchas personas evitan la meditación porque creen que no tienen tiempo para dedicarle. Sin embargo, incorporar una rutina de meditación no tiene por qué quitarle mucho tiempo a su día. El simple hecho de aquietar la mente durante 1015 minutos puede producir enormes beneficios, como la reducción del estrés, una mejor calidad del sueño, menos ansiedad, mayor claridad y mejoras en la salud en general. Empezar es fácil. Sólo tienes que encontrar un lugar tranquilo para sentarte o tumbarte. Pon un temporizador. A continuación, concéntrese en su respiración. Cuando tus pensamientos empiecen a divagar, vuelve a centrarte en la respiración. De este modo, se acalla todo el parloteo de la mente y se da un respiro al cerebro del ruido incesante. Al terminar, respira profundamente y haz algunos estiramientos, si lo deseas.

Hipnoterapia y terapia conversacional. La hipnosis es una práctica suave e intuitiva con un profesional certificado que trabaja directamente con sus objetivos y necesidades. Puede ayudarte a identificar los problemas que te impiden amarte a ti mismo para que puedas trabajar en ellos. Se realiza mediante mensajes positivos que se introducen directamente en el subconsciente.

A veces es necesario hablar de los problemas. La terapia conversacional te permite tener un espacio seguro con un profesional de la salud mental. Le permite hacerse cargo de su curación a su propio ritmo y en su propio tiempo.

Obra benéfica. ¿Recuerdas el sistema de recompensa de tu cerebro? Los estudios han demostrado que hacer un trabajo caritativo activa el mismo centro de placer del cerebro que las drogas recreativas u otros estímulos. Ayuda a las personas a sentirse más satisfechas consigo mismas y produce felicidad. ¡Siempre sienta bien ayudar a los demás!

. . .

Aficiones. Aprender algo nuevo te da la oportunidad de perfeccionar tus intereses y quitarte la presión de las tareas de la vida diaria. Todo el mundo necesita un descanso y empezar un nuevo interés puede ayudarle a encontrar diversión y propósito. Las aficiones también pueden aportar otras ventajas, como ingresos adicionales, crecimiento espiritual, mayor confianza en uno mismo y mucho más.

Fijación de objetivos. ¿Qué quieres hacer con tu vida? Haz una lista de todas las cosas que te gustaría probar, los lugares a los que te gustaría ir y los logros que te gustaría alcanzar. No te preocupes por el tiempo o el dinero; deja volar tu imaginación. A continuación, desglosa los objetivos: ¿Qué puedes conseguir en tres meses? ¿Un mes? ¿Dos semanas? ¿Una semana? ¿Un día? Cuando divides los objetivos en trozos pequeños y factibles, es mucho más probable que los cumplas. Ese tiempo pasará independientemente de lo que hagas, así que haz que sea un tiempo bien empleado para realizar algunos de tus objetivos más deseados.

Otro método que puedes utilizar para ayudarte a conseguir tus objetivos es hacer un tablero de visión: un póster o tablero con fotos e imágenes que representen visualmente tus objetivos.

Incluso puedes convertir la pantalla de tu ordenador en tu tablero de visión. El truco consiste en añadir cualquier imagen que represente el aspecto que le gustaría tener en el resultado final. Después, mira tu tablero cada día y siente cómo sería si se cumpliera. Hazlo durante varios minutos al día. Pronto se dará cuenta de que está logrando sus objetivos basándose en sus imágenes.

Cultivar la gratitud. La gratitud es una de las formas más poderosas de crear un cambio duradero en tu vida. Abre la bondad y afirma los aspectos positivos de todo lo que nos rodea y nos rodea.

Cuando nuestras reservas de amor propio son escasas, la gratitud actúa para reponer y reformular lo negativo en algo positivo. Encontrar la alegría en las pequeñas cosas llena instantáneamente las reservas de nuestro banco de amor propio. He aquí algunas formas sencillas de incorporar la gratitud a tu vida:

Crea un "tarro de la gratitud"

Busca un tarro con tapa y ponlo en un lugar de fácil acceso.

Cuando pienses en algo que agradeces, escríbelo en un papelito y colócalo dentro del tarro.

Puede convertirse en un juego divertido, porque

empezarás a darte cuenta de cuántas cosas puedes agradecer en un día.

¿Tu hijo te trae un dibujo coloreado del colegio? Ponlo en tu tarro de la gratitud. ¿Alguien se ha movido por ti en el tráfico?

Mételo. ¿Tu hermana te ha traído el café de la mañana?

¡Mételo en el tarro! Te sorprenderá saber cuántas cosas se dan por sentadas cuando te paras a observar pequeñas muestras de gratitud. Tu vida, a su vez, cambiará y atraerás más cosas por las que estar agradecido.

Escribe en tu "Diario de la Gratitud"

Otra forma de cultivar la gratitud y hacerla parte de tu práctica diaria es tener un diario específicamente para ello. Cada día, escribe cinco cosas por las que estés agradecido. Pueden ser tus hijos, tus compañeros de trabajo, tus padres, tu trabajo, la oferta que has conseguido en la compra y que te ha permitido darte un capricho con el chocolate que te gusta sin salirte del presupuesto. Cualquier cosa que te haga darte cuenta de algo bueno, escríbela en tu diario. Las cosas que agradeces son exclusivamente tuyas y quieres que sean positivas, afirmativas y llenas de amor.

Este diario de gratitud es también un buen espacio para anotar cinco éxitos diarios. ¿Ayudaste a alguien que lo necesitaba? ¿Te has esforzado por alcanzar uno de los objetivos de tu plan de tres meses? ¿Has dado en el clavo en esa presentación?

¿Desayunaste y cenaste sano? Anota lo que signifique un éxito para ti cada día, y verás cómo tu gratitud aumenta cada día.

Trabaja, vive y siéntete mejor con todo

Piensa en tus mejores amigos. El tiempo que pasas con ellos está lleno de risas, experiencias compartidas, conexiones con otras personas, presentación de alimentos y cosas que de otro modo no habrías conocido. Pero tú y tus mejores amigos no sólo compartís los buenos momentos, sino que os apoyáis mutuamente con un amor y un apoyo incondicionales en los momentos difíciles. Hay una fuerza, una seguridad y un consuelo en saber que tienes personas que te cubren la espalda.

Ahora, mírate a ti mismo como lo harías con tus mejores amigos. Mostrarte a ti mismo, de la misma manera, aumenta tu capacidad de sacar fuerza, seguridad y consuelo de ti mismo. ¿Qué pasaría si fueras tan bueno contigo mismo como lo eres con tus mejores amigos? ¿Y si te cubrieras las espaldas?

. . .

Aprender a amarte a ti mismo te permite presentarte al mundo con autenticidad y alegría. La luz que emites atrae la luz de los demás, y los milagros se acumulan y multiplican, por lo que no puedes dejar de creer en tu poder. Recibirás de vuelta lo que pongas en el mundo; esto incluye

lo que pongas en ti mismo. Si amamos, recibiremos amor. Si somos pacíficos, nos sentiremos tranquilos. Si somos odiosos, recibiremos odio. Si comprendemos, seremos comprendidos.

He aquí algunas formas adicionales de aprender a quererse a sí mismo:

Rodéate de lo mejor. Eres exigente con tu pelo, con el coche que conduces y con el sabor del helado que te gusta, así que ¿por qué no ser exigente y permitir sólo lo mejor en la vida? Cada día está lleno de opciones. Puedes elegir lo que te funciona y lo que no. Así que, siempre que sea posible, elige lo mejor en todas las cosas.

Valídate a ti mismo. Muchas personas sienten que sus sentimientos y emociones no son validados. Esto proviene de una necesidad que no fue satisfecha en algún momento de su vida. Tómate un tiempo para explorar esta conciencia y descubrir lo que necesitabas y no recibiste. Luego, déselo a usted mismo. Si necesitabas un abrazo, imagina que te lo das a ti mismo. Si necesitabas apoyo, imagina que recibes todo el apoyo que deseas. Buscar la validación y la comprensión fuera de ti es un terreno resbaladizo que puede hacerte infeliz si lo permites. En lugar de eso, date a ti mismo lo que necesitas. Si crees que no puedes saber qué validación necesitas y por qué la necesitas, recurre a la ayuda de un buen amigo o de un consejero profesional. A veces otra persona puede ver en nosotros lo que no podemos ver en nosotros mismos. Como subraya esta cita de Buda: "Tú mismo, tanto como cualquiera en todo el universo, mereces tu amor y afecto".

De niños, buscamos la validación de los adultos que nos rodean. De adolescentes, buscamos la validación de nuestros compañeros. En esta búsqueda constante de afirmación externa, empezamos a creer que todo lo que necesitamos está arraigado en otra persona.

Dejar de lado el control. ¿De qué tenemos realmente el control? Muchas cosas de la vida están fuera de nuestro control. Sin embargo, es útil centrarse en las cosas que puedes controlar, como la forma en que reaccionas ante las situaciones, lo que das a tu familia y cómo te tratas a ti mismo. Controlar estas cosas te pondrá realmente en el asiento del conductor, sin necesidad de controlar todos los aspectos de tu vida.

. . .

Encuentre más oportunidades para reír. Se dice que la risa es la mejor medicina de la naturaleza. Por desgracia, no nos reímos lo suficiente. Así que esfuérzate por encontrar tiempo para ello. Vea una película divertida con sus hijos, cuente algunos chistes, celebre una noche de juegos, ruede por una colina, juegue con las hojas del otoño... las ideas son infinitas. Hagas lo que hagas, incorpora algo de risa en ello.

Todas estas sugerencias te conducen hacia tu mejor vida. En el próximo capítulo, aprenderemos más formas de vivir la vida que siempre has querido.

11

Vivir tu Mejor Vida

Cuando te amas a ti mismo, las cosas empiezan a encajar. Sientes un sentido de propósito. Descubres un sentido de pertenencia. Reconoces tu valor para ti mismo y para el mundo. Te das cuenta de que ocurren pequeñas cosas alegres que se suman a un patrón de experiencias positivas y afirmativas. La tristeza y la negatividad te tocarán -son parte de la vida, después de todo- pero estas circunstancias no harán que te derrumbes. De hecho, el amor que desarrolles por ti mismo te permitirá afrontar estos acontecimientos inesperados y a veces trágicos con gracia y compasión.

Es este fuerte amor propio en el que puedes confiar mientras haces y conquistas tus objetivos, lo que te lleva a crear tu mejor vida -por ti, para ti. El amor propio permite que tu luz brille, que tu confianza crezca y que tu resistencia florezca. Tu capacidad para planificar y alcanzar tus objetivos aumenta. Crear y vivir tu mejor vida se convierte en una forma natural de ser.

Elige

Todo lo que hemos discutido en este libro hasta ahora tiene que ver con la elección de cosas nuevas. Elegir perdonar, tener mejores pensamientos, crear nuevos hábitos, amar lo que eres. Algunos pueden sentir que se trata de algo más que simplemente "elegir". Que la vida es más complicada que eso... ¿o no? Elegimos lo que soportamos, lo que permitimos y lo que perseguimos. Así que, ¿por qué no elegir lo que realmente queremos?

¿Quieres amarte a ti mismo? Elíjalo. ¿Quieres mejorar en algo? Haz la elección. ¿Está tu vida donde quieres que esté? ¿Qué elecciones puedes hacer para que sea posible?

Cada elección que hagas se basará en otras elecciones. Con el tiempo, crearás un impulso gracias a tus elecciones. Sé consciente de los lugares a los que quieres ir y de las cosas que quieres conseguir y, a continuación, toma decisiones deliberadas y conscientes para conseguirlo.

Los beneficios de vivir la vida que eliges

Cuando sabes que puedes tomar decisiones por ti mismo, te sientes capacitado para crear tu vida como quieres.

Puedes cambiar de opinión sobre lo que te motiva e interesa. Pasarás por altibajos, pero nunca cambiarás el hecho de que tu amor por ti mismo es tu elección y es incondicional. El mayor beneficio de vivir la vida que eliges es que nadie puede quitarte ese amor.

Verás los beneficios de tomar estas decisiones. Tu vida se sentirá más sólida y podrás entender los efectos de cada elección.

Las actividades que puedes elegir y que te ayudarán a vivir tu mejor vida a través del amor propio pueden ser, entre otras, las siguientes

Charlas TED. Los colaboradores de TED de todo el mundo ofrecen charlas inspiradoras sobre cualquier tema imaginable, y algunos en los que nunca habías pensado. Explora las ofertas para descubrir los oradores, la sabiduría y el pensamiento innovador que te impulsarán a la siguiente etapa de tu viaje.

Citas de motivación. Muchas personas han estado donde tú estás ahora, han examinado cómo amarse a sí mismas y han vivido sus mejores vidas. Si haces una búsqueda en Google utilizando las palabras que describen lo que te preocupa, puedes encontrar una cita motivadora que puedes utilizar como afirmación, inspiración o guía. Siempre es útil escribir citas que tengan significado para ti. Colócalas por toda la casa para estar constantemente animado.

Conversaciones significativas. Busca conversaciones con personas a las que admiras: tu jefe, tu pastor, tu mejor amigo, alguien que está haciendo algo que tú quieres hacer o que vive como tú quieres vivir. ¿Qué trabajo han hecho? ¿Qué libros leen? ¿De qué manera puedes emularlos? Tener un mentor puede ayudarte a superar los momentos de desánimo y a orientarte cuando te sientas atascado.

Únete a un grupo de interés. Es una forma de interactuar con personas con ideas afines que están en un camino similar al tuyo. Obtendrás orientación, ideas y soluciones para los retos comunes, así como apoyo en las áreas que necesites. La gente necesita a la gente. Y puedes aprender muchas cosas de gente que ha estado donde tú has estado. Deja que los demás te ayuden en tu viaje y dales asistencia cuando la necesites.

12

Seguir Amando

El poder de amarte a ti mismo está dentro de ti. Sólo tienes que decidir que es así como te vas a tratar a ti mismo, y luego hacerlo. Puedes darte amor propio de muchas maneras. Desde pasar tiempo a solas, un paseo por la naturaleza, un baño de burbujas, un buen libro hasta encontrar la felicidad con la familia y los amigos, el amor propio es un viaje personal liberador.

Amarse a sí mismo es disfrutar de su propio brillo. Y aceptar el tú que eres. Eres talentoso, increíble, fabuloso... ¡es hora de que empieces a creerlo!

En esta sección se han esbozado algunas formas de aprender a amarse a sí mismo. Has aprendido lo importante que es el amor. Has aprendido que tienes que ser tu propio mejor amigo. Has aprendido que eres digno de ser amado y de crear una vida que te permita dar un paso hacia tu poder.

Entonces, ¿cómo te mantienes motivado para seguir amándote a ti mismo?

La siguiente parte de este libro, Cómo motivarse, responderá a esa pregunta.

13

Cómo Motivarse

ENCONTRAR LA MOTIVACIÓN

Muchas personas luchan con la motivación para terminar los objetivos, M continuar con los proyectos y resolver los conflictos. ¿Cómo puedes darte la motivación que necesitas? De eso trata la información de esta sección.

La motivación es la diferencia entre el éxito y el fracaso. A algunos les resulta fácil. Pero si eres como la mayoría de la gente, ese fuego no arde tanto. Las ganas pueden ir y venir.

Hay días en los que te levantas lleno de energía, listo para conquistar el mundo.

. . .

Estás preparado para escribir tu novela, reanudar tu régimen de ejercicios o pintar la terraza.

Empiezas, pero a mitad de camino te das cuenta de que tu energía disminuye y el ánimo empieza a disminuir.

Otras veces, es todo lo que puedes hacer para salir de la cama, y parece que, pase lo que pase, no puedes ponerte en marcha.

Prefieres ver la televisión, comer palomitas o hacer cualquier otra cosa que no sea lo que necesitas hacer.

Aunque definitivamente necesitamos nuestro descanso, el tiempo de inactividad es crucial para restablecer nuestra energía, también queremos cumplir con esa lista de tareas, abordar nuestros objetivos y alcanzar nuestros sueños. Ningún tipo de descanso, ensoñación o planificación servirá de nada si no realizamos el trabajo de tachar los elementos de nuestra lista de tareas pendientes. Las cosas simplemente deben hacerse. Aquí es donde entra en juego la motivación.

El diccionario describe la palabra "motivación" como "El estado o condición de estar motivado o tener una fuerte razón para actuar o realizar algo".

· · ·

La motivación se encuentra en todos los aspectos de nuestra vida. No sólo se refiere a nuestro entorno de trabajo, sino también a cómo nos vemos a nosotros mismos, y a nuestras esperanzas y sueños. Es el empuje que hay detrás de la acción que conduce a los resultados que te propones alcanzar. Es la fuerza que impulsa tu razonamiento para esforzarte hacia cualquier cosa.

Por eso es tan importante. Si no hay motivación, no hay rendimiento ni resultados. Y siempre queremos esos resultados.

Queremos poder decir: "¡Lo hice! ¡He trabajado en eso! Estos son mis logros".

Los beneficios de motivarse a sí mismo

Encontrar el por qué. Este es quizás el aspecto más importante en el proceso de motivación. Descubrir por qué quieres conseguir tu objetivo puede ser tan importante como conseguirlo. Antes de embarcarte en tu proyecto, pregúntate: "¿Por qué estoy haciendo esto?". Luego, mantén esa razón como tu motivación para completar tu trabajo. Mantener tu "por qué" en tu mente te mantendrá en marcha, y constituye el cimiento de tu capacidad para motivarte. Más adelante, en esta misma sección, aprenderás más sobre cómo encontrar tu razón.

. . .

La motivación es una fuerza. Cuanto más triunfas en un área de tu vida, más te motivarás para triunfar en otras. Una vez que empiezas a sentirte bien y motivado, ese sentimiento continúa dentro de ti. En capítulos posteriores hablaremos de cómo la motivación es una fuerza que tú creas. Una vez que se pone en marcha, nada se interpone en su camino.

Aumento de la confianza en uno mismo. Cultivar el orgullo por tus logros y los pasos que das para conseguirlos, define y aumenta tu poder personal. Empiezas a ver tu valía y lo mucho que puedes conseguir, y te verás a ti mismo de forma diferente a como lo hacías antes.

Creer en uno mismo es un aspecto necesario para todo lo que hacemos en la vida, y la motivación es una parte vital.

Vivir tu mejor y auténtica vida. Aprovechar las herramientas que potencian tu motivación te lleva a crear la vida que mejor representa lo que eres y lo que defiendes. Esto incluye tus valores y tu moral. Todos tenemos cosas que valoramos más que otras en nuestra vida. Por supuesto, existe un código natural arraigado en la sociedad sobre lo que está bien y lo que está mal. Sin embargo, cada uno de nosotros también tiene su propio conjunto de valores que es único para su persona.

Podemos utilizar la motivación para ayudarnos a crear nuestra mejor vida.

La motivación es la fuerza que impulsa cualquier cambio positivo en nuestras vidas. Y la positividad es la clave para crear una vida feliz. Cuando uno se siente motivado para lograr algo, es un sentimiento positivo. Es un estado en el que nos alegramos de estar. Se siente más estable y menos inseguro que sentirse deprimido y desmotivado. La motivación, especialmente la automotivación, puede ser intensamente personal: lo que funciona para mí puede no funcionar para ti, y viceversa, pero hay tantos recursos disponibles que es fácil adaptar cada uno de ellos a nuestras necesidades y circunstancias individuales.

En esta sección, hablaremos de las mejores formas de encontrar y utilizar la motivación. El enfoque puede cambiar o parecer diferente, dependiendo del proyecto. Y exploraremos diferentes escenarios y lo que pueden significar para ti. ¿Necesitas motivación para el trabajo?

¿Para sus propias actividades creativas? ¿Trabaja solo o con un equipo? La motivación es un tema enorme con muchas áreas que explorar. Pero para los fines de este libro, nos concentraremos en nuestra propia motivación, también conocida como automotivación. Este punto de partida, el yo, espero que le motive a explorar otras áreas a medida que note su necesidad de ellas. Así podremos averiguar qué es lo que obstaculiza tu automotivación y descubrir qué es lo que mejor te funcionará para superar los obstáculos y crear la vida que deseas.

La información de esta sección es una invitación a desarrollar tu propio enfoque de la automotivación utilizando las herramientas y guías que se ofrecen. Veremos cómo superar la adversidad para alcanzar tus objetivos, sean cuales sean. Cómo convertir el fracaso y los contratiempos en peldaños y oportunidades positivas. El fracaso es simplemente un primer intento de aprendizaje; siempre estamos aprendiendo y creciendo como humanos. También aprenderás a salir de tu zona de confort para acceder a tu yo superior. Desafíate a ti mismo para ir más allá de tus limitaciones actuales, salir de tu zona de confort y llegar al crecimiento que anhelas. Los beneficios de aprender a motivarse son infinitos.

La información de esta poderosa sección le ayudará:
· Entienda qué es la motivación y por qué es un aspecto importante para alcanzar sus objetivos.
· Cómo empezar cuando te sientes atascado.
· Te ayudará a superar la procrastinación y a aprender a perseverar.
· Utiliza la motivación para crear la vida que deseas.

El viaje para aprender a motivarse está en marcha. Has dado el primer paso al coger este libro. Permítase absorber estas palabras y tomarlas a su propio ritmo. Aprender a motivarse requiere deseo y determinación. Siga leyendo para descubrir los beneficios de la motivación y cómo utilizarla en su beneficio.

Te levantas por la mañana con grandes ideas. Estás decidido a ponerlas en marcha y a ponerlas en marcha. Puedes imaginar cómo quieres que sea tu vida. Aunque te gusta tu trabajo de 9 a 5, sabes que hay algo más que aportar al mundo. Tus ideas, tus deseos, son inamovibles: no importa de dónde vengan ni por qué, están dentro de ti esperando a hacerse realidad. Están esperando pasar del interior de tu cabeza al mundo exterior.

Están esperando a ser terminados para que puedas pasar a tu siguiente proyecto. Son un sentimiento intrínseco, algo de lo que no puedes deshacerte hasta que al menos intentes hacerlos realidad. Estos deseos pueden formar parte de tu "por qué" subyacente hacia tu motivación. Se quedan esperando en el fondo de tu mente mientras estás en el trabajo, o zumban en tu cabeza los fines de semana. Entonces, ¿por qué no puedes ponerte en marcha? ¿Qué es lo que te impide alcanzar esos objetivos que están pidiendo paso?

A veces, lo más difícil es simplemente empezar. Creo que todos hemos pasado por eso, ¿no? Pueden surgir muchas dudas al intentar algo nuevo. ¿Seré lo suficientemente bueno? ¿Vale la pena? ¿Debería siquiera molestarme? Podemos disuadirnos rápidamente de intentar algo sólo porque no estamos seguros de que vaya a funcionar.

Y esta voz interior, esta molesta vocecita cargada de ansiedad, puede impedirnos apuntar. Incluso puede impedir que apuntemos a esos sueños.

Cómo desarrollar tu autoestima

Tu autoestima está ligada a tu automotivación. Sé que esa voz en tu cabeza puede ser fuerte. A veces puede ser totalmente ensordecedora: ¿Quién te crees que eres? No eres un escritor. No eres un chef. Definitivamente no eres un atleta.

Pero no lo escuches. No es lo mejor para ti. Esos pensamientos no son justos para ti ni para tu visión de cómo quieres que sea tu vida. Puede haber una batalla constante en tu mente contra ti mismo. Cuando esto ocurra, intenta recordar que el mundo que nos rodea ya es suficientemente duro. No es necesario que te pongas las cosas más difíciles a ti mismo. Sé más amable contigo. No dejes que esa vocecita de la duda gane. Lo que tienes que comprender es que no eres tú el que habla; es el matón de tercer grado, es el tío malo que solía reírse de ti, es esa mujer que te miró raro una vez. Esa vocecita es la culminación de todas las cosas negativas que te han pasado en tu vida.

. . .

Entonces, ¿cómo puedes combatir esa voz negativa y persistente? Construye tu autoestima. Así es, tú tienes valor. Eres único, especial e importante. Si no te lo crees, empieza a preguntarte por qué. ¿Quién te ha dicho que no lo eres? ¿Por qué deberías creerles a ellos antes que a ti mismo? Una vez que empiezas a cuestionar la programación negativa, las cosas empiezan a cambiar. Puede que sea poco a poco, pero tu mente empezará a decir: "Espera un momento. ¿Realmente soy una mala persona porque esa persona dice que lo soy?". Desafiar esas molestas creencias limitantes con formas de pensar nuevas y positivas te ayudará a construir tu autoestima.

También se puede cultivar de las siguientes maneras:

Habla positiva de ti mismo. Ya hemos hablado de esto, pero no puedo dejar de insistir en lo importante que es cambiar nuestro diálogo interno. No podemos conseguir nada si nos menospreciamos constantemente. La negatividad engendra negatividad, y lo que dices y piensas de ti mismo puede convertirse fácilmente en realidad. Es hora de reeducar tu cerebro. Si te sorprendes a ti mismo pensando: "No puedo hacer esto", intenta decir lo contrario, por ejemplo: "Puedo hacer esto y lo haré". Con el tiempo, reeducarás a tu cerebro para que reaccione de forma positiva, y tu primera reacción será animarte a ti mismo en lugar de desanimarte.

Tómate tiempo para ti. Salir a pasear, escribir un diario, meditar o hacer yoga. Estas actividades ayudan a despejar la mente de todo el "ruido" del día. Sólo lleva unos minutos y puede merecer la pena. La mayoría de nosotros estamos constantemente rodeados de estrés en el trabajo, en casa y en los desplazamientos matutinos y nocturnos. Dedicar tiempo a estar con nosotros mismos es importante para nuestra paz interior y para poder resolver lo que necesitamos. Hacerlo nos ayuda a descubrir qué es lo que realmente queremos y cómo nos sentimos. De este modo, podemos dedicar tiempo a descubrir la mejor manera de crear la vida que queremos.

Sé tu propio mejor amigo. ¿Cómo le hablarías a un amigo en tu situación si se sintiera inseguro o deprimido? ¿Le hablarías con desprecio o le darías ánimos? Apuesto a que nunca se te ocurriría hablarle a tu amigo de la forma negativa en que a menudo te hablas a ti mismo en tu propia mente. De hecho, probablemente te pondrías furioso si escucharas a alguien hablarle así a tu amigo. Así que, ¡déjalo! Sé amable contigo mismo. Y ten paciencia. Empieza con un pequeño cambio y ve avanzando hacia más. Haz cosas pequeñas y amables para ti. Hazte pequeños regalos. Dígase una palabra amable.

Salga de sí mismo e imagine que se trata como lo haría con un amigo valioso

Encuentra recursos útiles. Hay muchos autores y oradores motivacionales increíbles que tienen audiolibros o podcasts. Puedes escucharlos de camino al trabajo, mientras das un paseo o en el gimnasio. En estos tiempos tan tecnológicos, no hay escasez de información sobre cualquier tema. Sitios como Youtube albergan numerosos vídeos sobre cualquier cosa que quieras aprender. Sé proactivo a la hora de encontrar, escuchar y aplicar la nueva información. Cuando dedicas constantemente tiempo a aprender, empiezas a absorber más, y eso entrena a tu cerebro para moverse en esa dirección.

Date permiso para concentrarte. Todos tenemos responsabilidades. Muchas veces, estas responsabilidades tienen que ver con el cuidado de otras personas y no dejan mucho tiempo para uno mismo. Sin embargo, puedes aprender a crear momentos en tu día que te den permiso para centrarte en ti mismo. Dedicar estos momentos te ayudará en el proceso de motivación, ya que debes ser disciplinado para motivarte hacia cualquier objetivo.

Y la concentración es un componente clave para lograr lo que quieres. Como dice una famosa cita de Confucio: "El hombre que persigue dos conejos, no atrapa ninguno".

. . .

Desarrollar una actitud mental positiva. Si realmente quieres motivarte, y sé que es así, es hora de empezar a desarrollar una actitud mental positiva. La salud mental es un tema enorme, y me gusta pensar que la sociedad en su conjunto está avanzando en este departamento. Se sabe que la salud mental nos afecta en todos los aspectos de nuestra vida: trabajo, familia y salud. Hay innumerables estudios que se centran en los efectos sobre la salud física que una mente poco sana tiene sobre el cuerpo. La forma en que piensas en ti mismo, la forma en que te imaginas y la forma en que te hablas a ti mismo en tu cabeza, empezará a afectar a tus interacciones con el mundo real. Si entras en una situación con una vocecita interior que te dice que vas a fracasar y que no puedes hacerlo, entonces hay una gran probabilidad de que realmente fracases. Eso sólo reforzará esa creencia interna y la imagen distorsionada de uno mismo. ¿Cuáles son algunas formas de cultivar una actitud mental positiva? Sigue leyendo.

Comience con algo pequeño. Empezar una nueva tarea puede resultar abrumador. Intenta dar un paso cada vez y motívate para dar el primer paso. Las cosas tienden a no parecer tan grandes si se dividen en pequeños trozos. Así que dígase a sí mismo: "Por hoy, voy a lograr sólo esta cosa".

. . .

Por ejemplo, si has decidido que quieres empezar a correr, empieza con cinco minutos. Luego pasa a diez, y así sucesivamente.

Aunque te parezca un progreso lento, no deja de ser un progreso, y sigues estando mejor que antes de empezar. Había una mujer que tenía problemas con su forma física. Al principio, sólo era capaz de correr hasta la siguiente farola. Con el tiempo, fue capaz de correr un kilómetro y medio, y luego dos. Con el tiempo, llegó cada vez más lejos. Acabó escalando el Monte Kilimanjaro, y no sólo eso, sino que fue la única de su grupo que llegó a la cima. No porque fuera la más fuerte o la mejor, sino porque fue paso a paso y se mantuvo motivada. No siempre se trata de ir más allá de tus límites. A veces sólo hay que llegar al límite. El cambio lleva su tiempo, y debemos ser pacientes con nosotros mismos.

Piensa en lo que pasará si no haces el cambio. Si quieres motivarte con algo, está claro que quieres hacer un cambio. Puede ser grande o pequeño, pero sin duda es importante para ti.

Aunque esto pueda parecer un retroceso, trata de imaginar cómo sería tu vida si no haces este cambio. ¿Te gusta lo que ves? A veces, debemos hacer la pregunta difícil. Al hacerlo, podemos crear una mentalidad más positiva. Podemos ser sinceros con nosotros mismos y decir: "No me gusta dónde estoy, pero sí me gusta dónde voy a estar". Una vez que hayas tomado esta decisión, puedes empezar a imaginar la vida que quieres. Escribe en un diario cómo sería esa vida. Sueña despierto con ella. Piensa en ella como una realidad. Al hacer esto, se crea la mentalidad de que ya es una realidad. Entonces, antes de que te des cuenta, esta ensoñación puede convertirse en tu vida real.

Compite sólo contigo mismo. Mirar a alguien y ver sus logros y desear estar allí es agotador e injusto. No vemos el trabajo duro y los fracasos de todo el mundo; tendemos a ver sólo los resultados finales. Aunque nos alegramos de verdad por ellos, puede ser desalentador compararlos con nuestro propio camino.

Vemos su notable éxito y puede ser difícil no sentir envidia.

También podemos preguntarnos por qué han sido capaces de alcanzar su objetivo tan rápidamente, pero no hemos visto toda la historia, ni la motivación que hay detrás de su éxito.

Tampoco los hemos visto cuando les faltaba la motivación, y durante sus días más insoportables.

. . .

No se ven las interminables horas de trabajo y el agotamiento de un atleta que trabaja para conseguir la medalla de oro. No ves la motivación que hay detrás de su plan de entrenamiento y el duro trabajo que realizan. No ves las noches sin dormir, el riguroso horario, la disciplina, el sudor y las lágrimas. Sólo se les ve correr la carrera, cruzar la línea de meta, subir al podio y recibir su medalla. Las imágenes entre bastidores, el agotamiento, la emoción, el dolor y el modo en que se esforzaron por superarlo todo quedan ocultos, e incluso las referencias a ellos en las entrevistas no se acercan a lo que vivieron.

Del mismo modo, no vemos las noches de insomnio que se pasan escribiendo redacciones y estudiando para los exámenes, ni cómo el estudiante de derecho se mantiene motivado durante la universidad, ni el agotador y continuo desarrollo profesional que continúa después de aprobar el colegio de abogados. Sólo vemos el éxito de una persona en los tribunales o la emisión de un dictamen como juez. Tampoco vemos al pintor probando continuamente nuevas técnicas, colores y luz, ni cómo se siente cuando su obra es criticada: sólo vemos el cuadro.

Tú no eres diferente. Y vas a pasar por todas las etapas de tu viaje. Es importante que lo hagas. Esto te enseñará lo que necesitas saber para tener éxito. La motivación que estás aplicando es simplemente una técnica en el proceso de éxito. Cada uno debe descubrir cómo le funciona. Así que ten cuidado cuando te compares con otros. Tu viaje no es el de ellos. Y tus dificultades no son las suyas. Verás las cosas de una manera única e importante para tu experiencia.

Disfruta del proceso. Motivarse para lograr cualquier objetivo requiere tiempo y paciencia. Si eres capaz de ver el viaje como un conjunto de circunstancias y situaciones que te enseñarán a lo largo del camino, entonces podrás disfrutar del proceso de aprendizaje de todo ello. Esa es la clave para encontrar la felicidad en la vida. Si miras cualquier meta, ¿cuál es el objetivo principal?

¿Absorber lo que se aprende en el proceso? ¿O alcanzar la meta? Personalmente, creo que ambos son importantes. El tenista profesional Arthur Ashe dijo una vez: "El éxito es un viaje, no un destino. El hacer es a menudo más importante que el resultado".

Así que, en cualquier cosa que hagas, ya sea dar un paseo, jugar con tus hijos, hacer una comida, etc. da un paso atrás y piensa en el proceso. Cada vez que haces algo estás construyendo un nuevo músculo, reentrenando tu cerebro y aprendiendo a vivir la vida con un propósito. Esto es emocionante, un nuevo crecimiento. Se está produciendo un cambio positivo en tu vida. Construir una nueva conciencia en torno a la motivación y el proceso de los objetivos te ayudará a superar los desafíos. Tus dudas empezarán a disiparse y la fe en ti mismo florecerá.

En el próximo capítulo, veremos cómo puedes superar la adversidad en tu viaje de motivación.

¡Sigamos creciendo!

14

Superando La Adversidad

¿TE HAN DICHO alguna vez que una vez que empiezas con algo, todo es más fácil? Lo difícil es dar el primer paso y dar el primer paso. El simple hecho de empezar la primera tarea de tu lista de tareas hace que el resto parezca menos intimidante.

¿Por qué ocurre esto? Una palabra: impulso. El impulso es la espiral ascendente, o el camino, que traza nuestro éxito.

Siempre me gusta comparar el impulso con la Primera Ley del Movimiento de Sir Issac Newton, porque los principios son los mismos. La primera ley del movimiento de Newton dice:

Un objeto en reposo permanece en reposo y un objeto en movimiento se mantiene en movimiento con la misma velocidad y en la misma dirección, a menos que actúe sobre él una fuerza desequilibrada.

Newton dice que cuando algo está quieto, permanecerá así a menos que se aplique una acción en su contra. Por otro lado, si algo ya se está moviendo en cualquier dirección, continuará en movimiento hasta que otra fuerza lo detenga. También podemos aplicar esta noción a nuestros objetivos y aspiraciones. Una vez que nos motivamos para empezar algo, es mucho más fácil seguir adelante y mantener esa trayectoria positiva que detenerla por completo. Nuestra motivación puede ser la fuerza motriz que pone en marcha nuestro impulso.

En términos aún más sencillos, crear este impulso es muy parecido a montar en bicicleta. Pones el pie en el pedal para comenzar el movimiento de avanzar. Una vez que lo haces, es crucial seguir adelante y no abandonar porque, tal y como dice Newton, la única manera de que el objeto se detenga es si una fuerza actúa contra él. Pero el objetivo de subirse a la bicicleta era llegar a un destino. Sólo quieres que una fuerza te detenga una vez que llegues allí. Una vez que alcanzas el destino deseado, entonces frenas el impulso y utilizas el freno para detenerte. Por lo tanto, la fuerza utilizada para arrancar la bicicleta era la motivación, el impulso te mantenía en marcha, y el resultado deseado era cuando llegabas a tu destino, momento en el que utilizabas tu propia fuerza para detener el impulso.

Una vez que te motivas, te pones en marcha y ves que puedes hacerlo, estás en el buen camino para conseguir tus deseos.

Superar las fuerzas adversas. Ahora, utilizando nuestra analogía de la bicicleta, ¿qué pasaría si una fuerza te detuviera y no la vieras venir? Por ejemplo, una ardilla que se cruza en la carretera o un neumático que golpea una roca. Esa fuerza abrupta puede detener tu impulso antes de que tengas la oportunidad de reaccionar.

También hay ciertas fuerzas mentales negativas que pueden hacer descarrilar tu motivación basada en un objetivo. Son, entre otras, las siguientes: la duda, la crítica a uno mismo, la autoconversación destructiva, la procrastinación, el sabotaje y el desánimo. Analicemos cada uno de ellos.

Duda de sí mismo. Dudar de tus capacidades seguramente frenará cualquier impulso que tengas.

¿Cómo se puede superar? Cambiando tu actitud. La duda es esa pequeña y molesta voz en tu cabeza que te dice que no eres lo suficientemente bueno y que por qué crees que puedes realizar esta tarea. Si reconoces lo que te estás haciendo a ti mismo y cambias deliberadamente tu actitud, puedes detener la duda antes de que tenga la oportunidad de detenerte. Para cambiar tu actitud, céntrate en lo que has superado en el pasado, empieza a moverte en la dirección de tus deseos y date una charla de ánimo. Hacer estas cosas te ayudará a acallar esa molesta voz y a superar las dudas.

Crítica a uno mismo. ¿Por qué parece tan fácil criticar lo que hacemos y cómo lo hacemos? La crítica es un mal hábito que haríamos bien en superar. Suele producirse cuando establecemos expectativas poco realistas sobre nosotros mismos. Así pues, date un respiro. Sé realista sobre lo que puedes conseguir en el plazo que te has dado. No te compares con otros ni esperes un resultado perfecto. Ve paso a paso y deja de reprenderte por cada defecto. Sé compasivo y cariñoso en tus pensamientos y deja que tus acciones se deriven de ellos.

Autoconversión destructiva. En este libro ya hemos explorado algunas de las formas de superar la autoconversión negativa o destructiva. Además, trata de llamarte a ti mismo la atención. ¿Es realmente cierto lo que estás diciendo? Cambia esos pensamientos por otros más productivos. Ni siquiera tiene que ser positivo. Simplemente puede ser un poco mejor que lo que estabas pensando anteriormente para que cambie tu proceso de pensamiento. Recuerda dejar de lado la culpa y la vergüenza, dándote permiso para ser un ser humano normal, con defectos e imperfecciones. Siempre puedes construir desde el lugar de ser amable y paciente contigo mismo.

Procrastinación. Todos somos culpables de procrastinar. Forma parte del ser humano y suele ocurrir cuando nos sentimos abrumados por la magnitud de un proyecto. Preferiríamos hacer cualquier otra cosa antes que hacer los deberes, limpiar la casa o cumplir ese plazo. Es una forma en la que nuestro cerebro nos dice "estoy agotado, ¿podrías no obligarme a hacer eso ahora mismo? Entonces, ¿cómo superarlo? En primer lugar, dígase a sí mismo que lo entiende. Dígase verbalmente: "Sé que estás abrumado y cansado, y que no tienes que hacerlo todo, pero ahora mismo quiero que trabajes en tu proyecto sólo 5 minutos".

Decir esto en voz alta hará que tu subconsciente se aleje.

No te sentirás tan sobrecargado con sólo 5 minutos de trabajo.

Cuando termines con los 5 minutos, dite a ti mismo el buen trabajo que has hecho.
Luego, prémiese con una bebida caliente, un paseo al aire libre, algo que le ayude a rejuvenecer. A continuación, tómate otros 5 minutos y vuelve a trabajar. Este

proceso te ayudará a anular los sentimientos de procrastinación.

Sabotaje. El sabotaje tiene que ver con la destrucción. Nos frena y nos impide hacer lo que tenemos que hacer. El cerebro es un órgano increíble. Su trabajo principal es mantenerte seguro y vivo. Si cree que estás en peligro, puede crear situaciones que te impidan alcanzar un determinado objetivo.

Cuando el objetivo parece demasiado grande o amenazante, el cerebro puede decir: "No, no puedes hacerlo, no es seguro".

Por lo tanto, encontrará excusas para asegurarse de que no se haga.

Se trata de un autosabotaje que vive principalmente en el subconsciente. La forma de superarlo es ser muy consciente del momento en que te encuentras. A continuación, habla de tus acciones dando pequeños pasos: "Voy a salir de casa. Voy a entrar en mi coche. Voy a la ferretería", etc. Esto ayudará a tu cerebro a darse cuenta de que no estás en peligro y de que realizar esta tarea no afectará a tu salud ni a tu vida.

· · ·

Aunque el autosabotaje es muchas veces un atributo subconsciente, también puede ocurrir a nivel consciente.

Este tipo de sabotaje se produce cuando eres consciente de que estás llevando a cabo comportamientos que pueden ser perjudiciales para ti física o mentalmente, pero sigues eligiendo hacerlos. Puede haber muchas razones para ello, incluyendo el miedo al fracaso o al éxito. Sin embargo, cuando te das cuenta de que lo estás haciendo, puedes empezar a hacer cosas conscientemente para detenerlo. Por ejemplo, si sabes que tienes miedo al éxito y saboteas habitualmente tus esfuerzos por ello, primero tienes que buscar ayuda para afrontar el miedo. Esto puede incluir acudir a un terapeuta y hablar sobre el miedo, realizar un trabajo emocional que le ayude con la razón subyacente del miedo, o simplemente hablar con usted mismo sobre la situación, diciéndose: "No hay nada que temer. Puedes tener éxito y estarás bien", o simplemente, "Es seguro tener éxito".

Entender lo que pasa por tu cabeza lleva toda una vida para dominarlo, pero ayuda empezar a escuchar lo que te dices a ti mismo. Te dará pistas sobre por qué saboteas tus esfuerzos. A continuación, aborda esas cosas de forma cariñosa y comprensiva. Una gran parte de la solución de los problemas es darse cuenta de que existen. Identificar el autosabotaje y el papel que desempeña en tu vida puede ayudarte a empezar a identificar la negatividad. A continuación, puedes transferir esa energía negativa a energía positiva, eligiendo cambios positivos. Puede ser difícil identificar algunas de las razones por las que te saboteas a ti mismo, pero con la conciencia y la aceptación, esto se irá aclarando poco a poco.

Desánimo. El desánimo puede ser la suma de todos los demás rasgos negativos. Suele ocurrir después de haber empezado un proyecto, pero antes de terminarlo. Cuando empiezas algo, estás acelerado, ¡listo para empezar!

Después de empezar, sigues trabajando y empiezas a ver algunos progresos. Pero a lo largo del camino, normalmente hacia la mitad, tu entusiasmo empieza a disminuir y pierdes el ánimo. Pronto empiezas a dudar de ti mismo, lo que puede llevar a la autocrítica. Entonces empiezas a sabotear tus esfuerzos y te das cuenta de que no sirve de nada. Es entonces cuando aparece el desánimo. Pierdes toda la esperanza y la motivación por lo que te propusiste hacer en primer lugar.

¿Cómo se combate esta fuerte emoción? Hay varias maneras.

En primer lugar, da un paso atrás en tu proyecto y respira profundamente. Piensa en por qué empezaste y en lo que querías conseguir. A continuación, busca algunas cosas alentadoras para leer o decirte a ti mismo. Si eres religioso, puede que la lectura de las escrituras te ayude. Si no lo eres, puedes descubrir citas o historias inspiradoras. Siempre ayuda darse cuenta de que otras personas se han enfrentado a lo mismo que tú. Y ver cómo superaron sus luchas puede darte una visión e ideas sobre cómo puedes superar las tuyas. A veces, encontrar un amigo de confianza con el que hablar puede ayudar, ya que escuchar una perspectiva diferente puede ser útil. Encuentra formas de fortalecerte y mantenerte positivo. Anímate a empezar poco a poco y cultiva la fuerza positiva para seguir adelante. Hagas lo que hagas, no te rindas. Abandonar una vez que has empezado algo que va en buena dirección supone una fuerza negativa en tu viaje y cambia la dirección de tu espiral. El famoso poeta Walt Whitman dijo: "Mantén tu cara siempre hacia el sol y las sombras caerán detrás de ti".

Conseguir y mantener el impulso

Una vez que hayas superado los contratiempos de tu impulso, mantener un movimiento constante hacia adelante es la clave para lograr tu objetivo. Algunos días puedes sentir que puedes lograr mucho, otros días, no tanto. Pero la clave es seguir avanzando. Con el tiempo, te darás cuenta de lo mucho que has conseguido y empezarás a ver la línea de meta. Cuando la veas, podrás darte el empujón necesario para llegar al final.

. . .

Aquí tienes algunas sugerencias para ayudarte a dar el empujón que necesitas:

Pon un cronómetro. Empieza por reservar un momento del día para trabajar en tu proyecto. A continuación, pon un temporizador para que no dure más de 45 minutos. En cuanto se ponga en marcha el temporizador, trabaja lo más rápido y eficazmente posible durante todo el tiempo. Cuando suene el temporizador, tómate un descanso y haz algo completamente diferente. Asegúrate de que es algo que te gusta hacer. Cuando te hayas recuperado, puedes volver a poner en marcha el temporizador y seguir trabajando a toda máquina durante otros 45 minutos. Cuando divides tu tarea en trozos como éste, eres mucho más productivo que si tratas de hacerlo todo de una vez. Como tu cerebro sabe que cuando el temporizador termina, puedes hacer algo agradable, naturalmente darás tu mejor esfuerzo. Es una forma de engañarse a sí mismo para hacer más cosas en menos tiempo.

Haz primero lo más difícil. En su libro Eat That Frog (Cómete esa rana), Brian Tracy nos instruye: "Si tienes que comerte dos ranas, cómete primero la más fea". Esta es otra forma de decir que si tienes dos tareas importantes por delante, empieza por la más grande, difícil e importante primero."

. . .

¿Por qué es importante? Porque si te encargas primero de la tarea más grande y fea, el resto no te parecerá tan grande. Y habrás dado tu energía más fresca a la parte más difícil de tu proyecto. Esto te ayuda a largo plazo y hace que el resto de la tarea sea factible.

Escribe una lista de tareas. Mi madre solía decirme: "Si quieres que algo se haga, escríbelo". Hemos hablado de cómo el cerebro responde mejor a ciertas cosas. Ésta es una de ellas.

Haz una lista de lo que tienes que hacer y, a medida que vayas completando cada tarea, táchala de la lista. A tu cerebro le encanta este tipo de organización. Además, te quita el estrés de la mente para que puedas pasar a otra cosa. Es una forma muy eficaz de hacer más cosas en menos tiempo.

Levántate una hora antes. Levantarse sólo una hora antes de lo habitual ayuda al cerebro a sentir que se está logrando mucho más. Estás más fresco y puedes concentrarte mejor en las horas de la mañana, así que intenta hacer algunas de tus tareas más difíciles por la mañana. Estos pequeños pasos pueden anular todos esos molestos rasgos negativos y ayudarte a lograr más en menos tiempo.

· · ·

Bloquea todas las distracciones hasta que termines tu tarea diaria. A veces te animas a trabajar en tu proyecto y entonces te llama tu amigo y te dice: "Oye, vamos a tomar un café". En este caso, dile al amigo. "Iré a tomar un café contigo cuando termine mi tarea del día". Entonces, ¡mantén tu decisión! Hay demasiadas distracciones en este mundo y, si no las apartas, nunca lograrás nada. Aprende a posponer las distracciones hasta que hayas terminado tu trabajo diario. De este modo, tendrás la satisfacción de cumplir con tu proyecto y de disfrutar de él.

Comprender la importancia del fracaso

¿No sería increíble si pudiéramos saber, antes de lanzarnos a un nuevo reto, aventura o trabajo, que vamos a tener éxito absolutamente, sin ninguna duda? De esta manera, no tendríamos que preocuparnos por fracasar, o quedar como un tonto ante nosotros mismos o ante nuestra familia. Sí, no fracasar nunca suena como la mejor manera de vivir... ¿o sí? El fracaso es en realidad una parte importante y necesaria de la vida. Robert F. Kennedy dijo: "Sólo los que se atreven a fracasar mucho pueden lograr mucho".

Esto significa que el fracaso no sólo es importante, sino también esencial para nuestro crecimiento y comprensión. Sin él, no creceríamos. Nos da una piel más gruesa, nos enseña a levantarnos y nos muestra lo resistentes que podemos ser.

Nuestros fracasos pueden tener un efecto aún mayor en nosotros de lo que pensamos. Piensa en algunas cosas que no funcionaron por la razón que sea.

Ahora, meses o años después, te das cuenta de que esas cosas que no funcionaron fueron en realidad lo mejor que te pudo haber pasado. No porque fuera fácil, sino por lo que aprendiste en el proceso.

Cuando empiezas a ver la vida como un proceso de aprendizaje, en el que los fracasos son una parte importante de ese aprendizaje, reconoces el valor asociado a esos fracasos. Lo que te han enseñado. Cómo eres una persona diferente gracias a ellos. Dónde estás en la vida gracias a ellos. Nuestros fracasos no nos definen, pero sí nos enseñan. Comprender esta verdad fundamental nos ayudará a superar nuestros miedos y a convertir nuestros fracasos en recursos valiosos.

En el próximo capítulo, nos adentraremos en la idea de salir de tu zona de confort, y cómo puede ayudarte a crear el éxito que deseas.

15

Salir De La Zona De Confort Para Alcanzar El Éxito

¿Recuerda alguna vez que se haya salido de su zona de confort? ¿Recuerdas lo incómodo que te sentiste? ¿Cómo te sentiste de aterrorizado? ¿Recuerdas las ganas de volver corriendo hacia la seguridad familiar lo más rápido posible?

Tal vez lo hayas hecho. Y el alivio que sentiste al volver a tu mundo reconocible fue evidente. El cambio no siempre es fácil.

Nos empuja de formas que no siempre nos gustan. Pero ponerse en situaciones nuevas e incómodas es la única manera de ir más allá de lo que conocemos actualmente. Hacerlo puede poner en marcha nuestro impulso y fomentar nuestra motivación. Nos ayuda a tener una perspectiva única, nos hace ver nuestra vida de forma diferente y nos da la oportunidad de descubrir cosas nuevas sobre nosotros mismos.

Cómo dar el salto

Puedes salir de tu zona de confort haciendo un cambio. Ya sea grande y drástico o pequeño y factible, cualquier cambio sirve.

Salir de la zona puede ser tan sencillo como apuntarse a una nueva clase o tan complejo como tomarse un mes de vacaciones en un país extranjero. Realmente no hay límites cuando decides hacer un cambio. Aquí tienes algunos ejemplos de formas de dar un salto y salir de tu zona de confort:

Ser voluntario. El voluntariado puede ser una forma estupenda de centrarse en los demás. Hay muchas formas de hacer voluntariado en Internet o puedes encontrar oportunidades locales. Puedes elegir lo que quieres dar para que no te exija demasiado tiempo. Por ejemplo, www.societyfortheblind.org es un sitio que acepta ayuda voluntaria para asistir a personas ciegas. Puedes apuntarte para mirar cosas o leer un libro a una persona ciega. Imagina lo importante que es ser los ojos de alguien, aunque sea por un momento. Piensa en lo mucho que eso ayudaría a alguien.

. . .

El voluntariado puede ayudarte a comprender otras perspectivas y a entender que otras personas tienen problemas que pueden ser similares o más difíciles que los tuyos. Es una forma de conectar con los demás y encontrar un propósito y un significado. Todos estamos en nuestro propio viaje, y tú puedes aportar una valiosa visión, experiencia y consejo a muchos.

Cambios en la rutina diaria. Es fácil hacer pequeños cambios en tu rutina diaria. Lea un libro que no suele leer. Tome una ruta que no haya tomado para ir al trabajo.

Pruebe una opción diferente para comer. Llame a un amigo del que hace tiempo que no sabe nada. Haz un regalo al azar a un compañero de trabajo. Suba por las escaleras en lugar de utilizar el ascensor. Cuando empieces a hacer pequeños cambios, te resultará más fácil hacer otros más grandes.

Aprenda un nuevo idioma. No hay nada que pueda forzar una nueva forma de pensar como aprender un nuevo idioma.

Piensa en la perspectiva que ganarás al darte cuenta de que hay otra forma de comunicarse en el mundo. Hay muchos programas en línea que pueden ayudarte a aprender un nuevo idioma de forma rápida y eficaz en tan sólo 15 minutos al día.

Puedes hacerlo mientras te preparas por la mañana, en tu trayecto al trabajo o por la noche antes de acostarte.

Pruebe a comer alimentos nuevos. ¿Comes siempre los mismos alimentos día tras día? ¿Alguna vez has querido probar la comida tailandesa o india, o algo que te parecía "una locura", como el pulpo? Pues bien, ¿por qué no lo pruebas? Si no te gusta, al menos lo sabrás, e incluso podrás decir: "Oye, he probado el pulpo". Cada nueva experiencia te ayuda a crecer y a aprender sobre ti mismo y sobre el mundo. Además, es muy valioso entender lo que te gusta y lo que no.

Apúntate a una clase de ejercicio. Una sesión de ejercicio es una forma fantástica de hacer que la sangre bombee y el cuerpo se sienta bien. El ejercicio aclara la mente, ayuda a mantener la salud, aumenta la confianza en uno mismo y genera hormonas del bienestar. También es una forma maravillosa de conocer gente nueva. Conectar con alguien por un interés común puede ayudarte a mantenerte motivado y positivo.

Empieza a escribir un diario. Escribir tus pensamientos cada día puede ayudarte a seguir tu progreso. Luego, puedes mirar atrás y ver cómo te sentías ayer o la semana pasada y ver hasta dónde has llegado. También puede ayudarte a hacer un seguimiento de los hábitos saludables y no saludables, y a encontrar soluciones para ellos. Poner las cosas por escrito tiene múltiples ventajas. Ayuda a que tu cerebro descargue grupos de información, de modo que no se deje arrastrar por el agobio, te ayuda a mantenerte organizado y es un gran peldaño para conseguir objetivos.

Haz una lista de deseos. Una lista de deseos es una lista divertida y aventurera de objetivos que quieres alcanzar a lo largo de tu vida. Puede incluir cosas con las que sueñas, que te encantaría hacer, que te gustaría tener, etc.

Esta lista no tiene límites. Puedes hacerla tan grande y tan exagerada como quieras, pero asegúrate de que cada objetivo es algo que realmente te gustaría conseguir. Aquí tienes algunas ideas: Montar en un globo aerostático. Visitar el Gran Cañón.

Hacer una donación anónima a una organización benéfica. Ir al mar y pintar un cuadro en la playa. Conducir un Ferrari.

. . .

Escribir una canción. Comer con una persona famosa. Tomar una clase de cocina. Nadar con rayas, etc.

Asegúrate de que tu lista se ajusta a tu personalidad. Puedes añadir y quitar cosas si quieres, así como tachar las que hayas conseguido. Lo más importante es que las actividades sean divertidas y que te emocionen.

Empujarse a sí mismo más allá de sus capacidades

Abrirse a cosas nuevas y diferentes sólo te lleva a una versión superior de ti mismo. Esto te ayuda a aprovechar tus deseos más profundos para que puedas empezar a trabajar hacia ellos en pequeñas formas cada día. Incluso si no disfrutamos de algo que probamos, sigue conteniendo valiosas lecciones. Y aunque desviarse de la norma puede darnos miedo al principio, cuanto más lo hagamos más capaces seremos de hacerlo. Una vez que empezamos a sentir confianza y autoestima al probar cosas nuevas, el éxito llega de forma natural. He aquí algunos consejos para lidiar con las aversiones naturales a salir de la zona de confort:

Controla tu miedo y ansiedad naturales. Es normal sentir miedo y ansiedad cuando se intenta algo nuevo. La ansiedad suele estar causada por el miedo a lo desconocido. Para superarlo, busca información y estudia lo que vas a cambiar.

. . .

Cuando alimentas tus dudas y miedos con información sobre un tema, éste se vuelve menos aterrador y desconocido.

Así que haz tus deberes y reúne todos los conocimientos posibles sobre el tema.

Crea un plan de acción. Una vez que decidas lo que vas a lograr, tienes que escribirlo en un formato paso a paso. Crea tantos pasos como necesites para que sea factible y coherente. Recuerda que hay algo en sacar una idea de la cabeza y ponerla sobre el papel que la hace sorprendentemente fácil. Una vez elaborado el plan, establece plazos para cada paso. A continuación, empieza a realizarlos, de uno en uno.

Consigue un compañero. Está demostrado que tener a alguien a quien rendir cuentas cuando estás trabajando para conseguir un objetivo te ayuda a lograrlo. Es mucho más probable que tengas éxito en cualquier área si tienes que informar de tus logros a otro ser humano. Te ayuda

a asumir la responsabilidad personal de tus decisiones y acciones. Por no mencionar que puede ser agradable tener un animador al lado.

. . .

Disfruta de cada logro. Cumplir con las tareas y los pasos hacia un objetivo puede convertirse en algo adictivo y muy agradable. Date una pequeña recompensa cada vez que consigas un paso. O simplemente dígase a sí mismo que es increíble. Cada paso te acerca a tu logro global, dándote más confianza y poder.

El éxito como subproducto natural

Hay formas en las que crecerás como resultado de salir de tu zona de confort que no habrías crecido si no lo hicieras.

Algunas de ellas son:

Tendrás más éxito. El éxito simplemente rezuma de la gente que se pone ahí fuera. Sí, da miedo, sí, debes sentirte cómodo siendo incómodo. ¿Pero cómo crees que la gente exitosa llegó a donde está? No quedándose en un solo lugar, ¡te lo aseguro!

Descubrirás dónde estás destinado a crecer. ¿Cómo vas a saber lo que quieres conseguir o lo que puedes lograr si no vas a por ello? Puede que estés destinado a crear el próximo fenómeno mundial o a encontrar la cura de una enfermedad incurable.

. . .

¿Cuál es tu potencial? ¿Qué puedes aportar al mundo? Puede que sea mucho más de lo que crees. Eres un ser humano único y especial que tiene mucho valor que dar. No te vendas barato.

Descubrirás de qué estás hecho. El éxito profundo de una persona suele encontrarse después de haber pasado por una época oscura. Por lo general, justo cuando estás a punto de rendirte, hay una pausa en la oscuridad y empiezas a ver la luz.

Al igual que en una tormenta eléctrica, puedes ver la oscuridad, los rayos y los truenos, pero finalmente, se da paso a la luz del sol. Entonces, el día se ve tan espectacular y brillante, por el contraste con la oscuridad.

Esto es lo que las nuevas experiencias hacen por ti. Te ayudan a crecer y a florecer en un nuevo amanecer del ser.

Verás el mundo de forma diferente. A medida que te vayas moldeando en tu nueva versión, empezarás a ver las cosas de forma diferente y, por tanto, actuarás de forma diferente. Así comienza una cadena de acontecimientos que puede ser duradera y de gran alcance. Un alpinista tiene que empezar en la base de la montaña y, tras el trabajo, el estrés, el esfuerzo y la emoción, la escalada puede convertirlo en un mejor atleta. Esto es lo que puede hacer por ti salir de tu zona de confort. Es cómo puedes ver tu mundo de forma diferente. Tomar medidas para pasar a una versión diferente de nosotros mismos puede ser un viaje estimulante. Es el momento de tirar la cautela al viento y vivir la vida a tiempo completo.

En el próximo capítulo veremos qué se necesita para vivir esta nueva versión de ti mismo, y cómo crear tu vida definitiva.

16

Crear La Vida Que Quieres

Así QUE, llegados a este punto, ¿qué es lo que realmente te frena? Hemos hablado de cambiar tu actitud, de darte amor propio y de salir de tu zona de confort, todo lo cual iniciará grandes cambios en tu vida. Ahora es el momento de descubrir el factor motivador de todo ello. Qué te motivará a realizar estos cambios. ¿Por qué quieres ser una versión diferente de ti mismo?

Algunas personas tienen un impulso innato de sobresalir en ciertos ámbitos de la vida. Es un instinto primario querer ser el mejor, alcanzar la meta más alta, morar en la cima. Pero, ¿por qué queremos esas cosas?

El PORQUÉ. Ya hemos hablado brevemente de ello al principio de esta sección. Ahora, vamos a profundizar en el descubrimiento de cuál es realmente tu por qué.

. . .

El orador motivacional y consultor de marketing profesional, Simon Sinek, dijo: "El PORQUÉ es el propósito, la causa o la creencia que nos impulsa a cada uno de nosotros". Piensa en eso por un minuto. ¿Qué propósito, causa o creencia está impulsando tus pensamientos y acciones en este momento?

¿Por qué te has levantado de la cama esta mañana? ¿Por qué estás trabajando tanto en tus objetivos?

¿Por qué quieres conseguir ciertas cosas?

Método: Saca un papel y escribe estas palabras en la parte superior: MÍ POR QUÉ. Debajo, escribe tu objetivo principal.

Debajo, escribe por qué quieres alcanzar ese objetivo. Ahora, escribe otra razón, y luego otra. Sigue escribiendo las razones por las que quieres alcanzar ese objetivo hasta que encuentres una razón que resuene a un nivel emocional profundo. La razón debe golpear intensamente en tu núcleo y crear un profundo deseo dentro de ti. Debe ser lo suficientemente importante como para que hagas todo lo necesario para conseguirlo. Esa afirmación es tu **PORQUÉ**.

Ahora, escribe esa afirmación y pon copias en lugares que veas a lo largo del día. Cada vez que te preguntes por qué estás trabajando para conseguir tu objetivo, piensa en esa frase. Es tu fuerza motriz. Es la razón por la que conseguirás tus deseos.

Cada objetivo tiene el viaje que hacemos para intentar alcanzarlo.

En la cita que aparece al principio de este capítulo, Paul Coelho habla de imaginarse donde uno quiere estar, y que finalmente, si se imagina con fuerza y durante el tiempo suficiente, se convertirá en esa persona. Mientras tanto, hasta que seas esa persona, debes fingir que lo eres.

Este es un concepto muy importante. Cuando conoces tu PORQUÉ, y puedes imaginarte viviendo tu PORQUÉ, ¿por qué no imaginarte ya siendo tú POR QUÉ? Puede convertirse en un divertido juego que juegas contigo mismo. ¿Qué harías si ya estuvieras viviendo tu mayor logro? ¿Cómo te vestirías? ¿Qué comerías? ¿Cómo hablarías? Todas estas son cosas que puedes cambiar hoy. Ahora mismo. Puedes pretender ser esa persona en este mismo instante. Y hacerlo te pondrá en línea con lo que te esfuerzas por lograr. Todo es cuestión de imaginación.

Así que, si puedes imaginar que eres la persona que finalmente quieres ser, ¿por qué no puedes imaginar también otras cosas a lo largo del camino? Por ejemplo, imagina que alcanzas ese objetivo semanal. Imagina que haces la venta. Imagina, imagina, imagina... Hacerlo te ayudará a crear la realidad de la vida que quieres. De repente, nada le parecerá inalcanzable.

Las metas y los sueños que antes parecían demasiado locos como para imaginarlos se sentirán como si ya estuvieran en tus manos. Empezarás a sentirte intocable. Como si realmente estuvieras a cargo de tu destino.

Por supuesto, las circunstancias imprevistas, los problemas de salud y las palabras de los demás pueden hacerte dudar. Estas situaciones pueden provocar sentimientos, como la tristeza y la ira, que son parte normal de la condición humana. Pero tú tienes la clave que evitará que te quedes

atrapado en esa mentalidad. Imagina que sigues avanzando hacia tu objetivo. Imagina que te adaptas a cualquier reto. Imagina que avanzas, por muy pequeños que sean tus pasos. Entonces, mantén el impulso y la motivación, hasta que puedas alcanzar tu objetivo final.

Recuerda tus opciones

Gran parte de lo que hacemos en la vida es una elección consciente. Puede ser difícil imaginarse saltando a cosas nuevas y tomando decisiones difíciles a las que no estás acostumbrado.

Así que, si te sientes así, simplemente dite a ti mismo que esto es lo que estás eligiendo. Es más fácil imaginar que algo es de una manera determinada si has tomado la decisión de que sea así. Cuando tengas la tentación de poner excusas, cambiar de rumbo o incluso rendirte, toma una decisión concreta sobre lo que te gustaría hacer y luego cúmplela. Además, decidir mantener la motivación y no abandonar es una elección consciente y continua.

Exploremos algunas formas de ser más decisivo y tomar el control para crear la vida que quieres:

Establezca su objetivo a largo plazo. Si alguien te preguntara cómo sería tu vida soñada, ¿qué le dirías? Esto es similar a conocer tu POR QUÉ, porque si no puedes verlo en tu cabeza, te será difícil crearlo en tu vida. ¿Qué te ayudará a conseguir todo tu trabajo? Muchos de nosotros vivimos nuestro día a día sin tener un objetivo real. Así que, ¡haz uno! Escríbelo y hazlo tan fabuloso y exagerado como quieras. Divídelo en pasos cotidianos y factibles. Una vez que sepas hacia dónde te diriges, es mucho más probable que tengas éxito.

Tome rápidamente las decisiones más pequeñas. ¿Es usted el tipo de persona a la que le cuesta tomar incluso la decisión más pequeña? Si es así, esto puede retrasarle a la hora de tomar decisiones más importantes. Cuando tomes decisiones más pequeñas y menos importantes, ponte un límite de tiempo. Además, haz que otra persona te dé una alternativa por defecto. Si no has tomado tu decisión en el tiempo asignado, la decisión pasa a ser por defecto, sin hacer preguntas.

Hacer esto te entrenará para pensar rápidamente y tomar decisiones sobre la marcha. Ganarás mucha más confianza y la vida empezará a irte bien cuando puedas tomar decisiones sencillas.

Encuentra la raíz de tu incertidumbre. Si te sientes inseguro sobre las decisiones o sobre tu objetivo a largo plazo, analízalo.

¿Qué es lo que te frena? ¿Es que crees que no puedes lograr lo que te propones, así que para qué intentarlo?

Eso no es más que una falsa creencia. Las creencias pueden cambiarse y tu incertidumbre también.

Puede haber razones psicológicas que expliquen por qué tienes problemas en esta área, así que investiga a fondo. Averigua qué es lo que realmente sientes. Puede ser una tarea difícil, así que date un poco de tiempo y espacio para resolverlo. Son momentos que nos ayudan a crecer y madurar, para poder tomar las grandes decisiones de la vida. Descubrir más sobre tus incertidumbres te ayudará a descubrir partes de ti mismo que tal vez no conozcas.

A lo largo de este libro, hemos hablado de lo poderosa que es la mente. Cómo tiene la capacidad de empujarnos hacia adelante o retenernos, y cómo podemos utilizarla en nuestro beneficio. El éxito realmente comienza en tu propia mente, porque en lo que nos enfocamos es en lo que nos convertimos.

Una vez que hayas fijado tu objetivo a largo plazo, hayas trabajado en la toma de decisiones y hayas encontrado algunas de las causas fundamentales de tu inseguridad, estarás listo para ponerlo todo junto en un esfuerzo por cambiar tu vida. Hay otros ejercicios que pueden ayudarte en este proceso. Adoptar uno o todos ellos te acercará a tu vida ideal.

. . .

Escribe una lista de lo que agradeces. La vibración de la gratitud es una de las más altas de la vida. Está a la altura del amor, el aprecio y la alegría.

¿Quién no quiere sentirse agradecido? Sin embargo, al igual que un músculo, hay que ejercitarlo. No te sientes automáticamente agradecido todos los días. Tienes que trabajar en ello. Mira a tu alrededor y observa todas las cosas buenas que tienes. Escribe una lista y llévala contigo a lo largo del día. Si te resulta más cómodo, ponla en las notas de tu teléfono. Cuando te enfrentes a un reto, sácala y lee lo que aprecias. De este modo, siempre podrás cultivar la gratitud en tu camino.

Mantener esta lista cerca también te ayuda a recordar lo que es importante para ti y por qué estás haciendo lo que haces. La autora de autoayuda Melody Beattie dijo una vez: "La gratitud desbloquea la plenitud de la vida. Convierte lo que tenemos en suficiente, y más. Convierte la negación en aceptación, el caos en orden, la confusión en claridad. Puede convertir una comida en un festín, una casa en un hogar, un extraño en un amigo".

Reducir el tamaño. Reducir el tamaño no es sólo un tema popular en estos días, sino que en realidad es una gran táctica. Sin embargo, no significa que tengas que deshacerte de todas tus cosas y vivir en una casa pequeña. Reducir el tamaño puede ser tan sencillo como limpiar el garaje o el armario.

. . .

Porque cuando tu espacio está desordenado, es muy probable que tu mente también lo esté. Así que limpiar tu espacio físico también puede limpiar el espacio de tu cabeza. De este modo, cuando llegue el momento de tomar una decisión, tendrás espacio para pensar y reunirte con una mente despejada. Esto puede ayudar enormemente a la hora de tomar decisiones importantes.

Ejercicio físico. Ya hemos hablado de los beneficios de mover el cuerpo, pero este punto no puede ser subestimado. Cuando hacemos ejercicio, nuestro cuerpo libera endorfinas, que son sustancias químicas que nos ayudan a lidiar con el estrés y el dolor. Si te sientes abrumado y ansioso por una decisión, ejercitar físicamente tu cuerpo puede mejorar tu salud general y aliviar el estrés. Si estás trabajando en la motivación para empezar a hacer más ejercicio, empieza con el tipo de ejercicio que te gusta hacer. El simple hecho de dar un paseo diario puede suponer un gran alivio del estrés y una gran claridad mental.

Escribir. También hemos hablado del diario en capítulos anteriores, pero la escritura en general es una gran herramienta. Cuando escribimos, a menudo accedemos a nuestra mente subconsciente, permitiendo que nuestros verdaderos sentimientos salgan a la luz. Escribir nuestros sentimientos es una gran manera de descubrir lo que realmente queremos y cómo nos sentimos con respecto a una decisión. También es una forma estupenda de seguir nuestro progreso. Anota tu progreso en cualquier tema y revísalo al cabo de un mes. Te sorprenderá lo mucho que has conseguido. Y no te darías cuenta si no hubieras registrado tus progresos. Escribir puede ser una práctica muy útil para alcanzar tus objetivos.

Date cuenta de las posibilidades. Todos estos ejercicios pueden ayudarte a alcanzar tus objetivos finales. La creación de una persona motivada y con éxito es el resultado de un duro trabajo interior. Estás haciendo el trabajo mental necesario para aprender a afrontar los duros obstáculos que aparecerán en tu camino. Poco a poco, empezarás a ganar confianza en las decisiones difíciles de tu vida.

Comprenderás que eres tú quien tiene el poder de crear cualquier cosa que desees. Cuando cultivamos estos sentimientos positivos y de seguridad en nosotros mismos, el éxito llega. Nos empujamos por el camino correcto porque ya no hay nada que nos retenga. Cuando eso sucede, te das cuenta de que eras todo lo que necesitabas en primer lugar para hacer que las cosas sucedieran. Todo es posible.

Conclusión

Hay una historia sobre un joven que acudió a un mentor y le preguntó: "¿Cuál es el secreto de su éxito?".

El mentor condujo al joven hasta un río y ambos se metieron en él. Entonces, sin mediar palabra, el mentor sumergió al joven en el agua y lo mantuvo allí hasta que luchó por salir a la superficie.

Cuando por fin salió del agua, exclamó: "¿Por qué has hecho eso?".

El mentor le preguntó: "Cuando estabas en el agua, ¿qué era lo que más deseabas?". El joven respondió: "¡Pues el aire, claro!"

El mentor sonrió y dijo: "Cuando quieras algo tanto como querías ese aire, y trabajes tan duro como lo hiciste para conseguirlo, y no te rindas, te darás cuenta de que ese es el secreto del éxito."

Este libro ha esbozado algunas formas de convertirse en una persona más exitosa. Sin embargo, aplicarlas depende de ti.

Recuerde, no se interponga en el camino de sus mayores logros. La información esbozada te ha enseñado que puedes perdonar cuando sea necesario, amarte a ti mismo a través de tus defectos y motivarte para lograr tus mayores deseos. ¿Qué esperas?

www.ingramcontent.com/pod-product-compliance
Lightning Source LLC
LaVergne TN
LVHW021719060526
838200LV00050B/2758